# विविध स्वरों की गूँज

## (समालोचना)

डॉ. दिनेश पाठक 'शशि'

समर्पित

समालोचना के पुरोधा

आचार्य रामचंद्र शुक्ल जी को

सादर

* डॉ. दिनेश पाठक 'शशि'

# क्रम-सूची

# क्रम-सूची

# भूमिका

समीक्षा साहित्य के तार्किक विस्तार की वैज्ञानिक प्रक्रिया है। यह साहित्य का नवनीत है, सार तत्व है, साहित्य के अथाह महासागर के गहन मन्थन से प्राप्त होने वाला वह दिव्य अमृत है जो सृष्टि की किसी भी कृति के लिये अमरत्व का मार्ग सहज प्रशस्त कर सकता है।

डॉ0 दिनेश पाठक 'शशि' एक जाने-माने बहुचर्चित समीक्षक होने के साथ-साथ उच्चकोटि के कथाकार, बाल साहित्य के मर्मज्ञ और सिद्धहस्त साहित्यकार भी हैं, यही कारण है कि उनकी समीक्षाएँ विषयानुकूल, तर्कसंगत, सहज-सुगम और नीर-क्षीर विवेक का बोध कराने वाली होती हैं।

हिन्दी साहित्य की विभिन्न विधाओं में आपकी लगभग चार दर्जन से अधिक कृतियाँ प्रकाश में आ चुकी हैं परन्तु प्रस्तुत पुस्तक 'विविध स्वरों की गूँज' एक ऐसी विधा की प्रतिनिधि होकर सामने आई है जिस पर देश-विदेश की अनेक प्रतिष्ठित पत्र-पत्रिकाओं में आपके सहस्त्राधिक समीक्षा प्रकाशनों की गूंज सुनाई देगी।

पुस्तक 'विविध स्वरों की गूँज' में कुल उन्नीस समीक्षाओं में से तीन समीक्षाएँ उपन्यास, पाँच कहानी संग्रह, चार लघुकथा संग्रह तथा चार काव्य संग्रह एवं एक यात्रा वृतांत, एक चिंतन-संस्कृति, एक जीवनी परक पुस्तक से सम्बन्धित हैं।

तीन उपन्यास हैं- पद्मश्री डॉ उषा यादव का 'तारिणी', डॉ. कामना सिंह का 'लॉकडाउन डेज' तथा श्रीमती उषा शर्मा का-'प्रश्नों के घेरे'। अध्यात्म-संस्कृति की पुस्तक श्री विनोद बब्बर रचित 'उजास की तलास में' एवं चार काव्य कृतियाँ हैं श्री विश्वभूषण की 'कुछ एहसास कुछ इल्जाम', डॉ0 अमिता दुबे कृत काव्य संग्रह 'माँ हो जाना' तथा श्री विनोद बब्बर जी कृत -'प्रताप महान', डॉ. जगदीश व्योम द्वारा सम्पादित 'हिन्दी हाइकु कोश' एक जीवनी की पुस्तक-' पड़ाव दर पड़ाव' श्रीमती सुषमा श्रीवास्तव कृत, एक यात्रा-वृत्-'यादों के झरोखे'- श्रीमती स्नेहलता कृत तथा पाँच कहानी संग्रह हैं-'रॉकी अहमद सिंह' श्री संजीव जायसवाल जी कृत, 'संकरी गली' कहानी संग्रह श्री गोपाल कृष्ण शर्मा कृत, 'नगर ढिंढोरा' श्रीमती वंदना जोशी कृत, 'प्यार के रिश्ते' आचार्य नीरज शास्त्री कृत तथा 'सुधियों के अनुबन्ध' कहानी संग्रह श्रीमती सविता मिश्रा जी कृत। इनके अतिरिक्त चार लघुकथा संग्रहों में- 'मैं नहीं जानता' श्री कमलेश भारतीय जी का, 'अब न अंगूठा छाप' श्री सुमन कुमार, 'सामयिक हिन्दी लघुकथाएँ श्री त्रिलोक सिंह ठकुरेला एवं

'रोशनी के अंकुर' लघुकथा संग्रह श्रीमती सविता मिश्रा जी का समाहित किया गया है।

यूँ तो सम्पूर्ण साहित्य जगत, ऐसी कृतियों से लाभान्वित होता है, परन्तु नवोदित साहित्यकारों-समीक्षकों के लिये यह संग्रह-'विविध स्वरों की गूँज' विशेष ज्ञानवर्धक, प्रेरणादायक और मार्ग दर्शक सिद्ध होगा।

भवदीय-

मदन मोहन शर्मा'अरविन्द'

सी-69 बालाजीपुरम्, मथुरा-281006

# पावती (स्वीकृति)

## अपनी बात -

गत पाँच दशक के लेखन कर्म के दौरान जहाँ हिन्दी साहित्य की विविध विधाओं में लिखी रचनाओं का सहस्राधिक से अधिक पत्र-पत्रिकाओं में प्रकाशन हुआ और उन विधाओं की अलग-अलग पुस्तकों का भी प्रकाशन हुआ किन्तु समालोचना की यह पाँचवी पुस्तक आपके कर कमलों में सौंपते हुए मुझे प्रसन्नता है।

एक दिन अपने गाँव से लौटते समय, मार्ग में ही अलीगढ़, आदरणीय डॉ.कुंदनलाल उप्रेती जी के आवास पर जाने का सौभाग्य मिला। उन्होंने अपनी कई महत्वपूर्ण पुस्तकें भेंट स्वरूप दीं।

दोबारा जब मैं अलीगढ़ गया तो डॉ.कुंदनलाल उप्रेती जी से निवेदन किया कि मैंने अब तक एक हजार से अधिक पुस्तकों की समीक्षाएँ की हैं जो देश-विदेश की पत्र-पत्रिकाओं में समय पर प्रकाशित भी होती रही हैं। उनका अब कुछ और उपयोग हो सकता है? तब उप्रेती जी ने अपनी दो पुस्तकें समालोचना की भी मुझे दी थीं और कहा कि उनसे तो आपके कई महत्वपूर्ण समालोचना ग्रन्थ तैयार हो जायेंगे।

उसके बाद आदरणीया दीदी पद्मश्री डॉ.उषा यादव जी से विचार विमर्श किया। उन्होंने डॉ.अमिता दुबे जी का उल्लेख करते हुए उनकी एक-दो पुस्तक मंगाकर अवलोकन करने की सलाह दी। आदरणीया डॉ.अमिता दुबे जी ने मेरे निवेदन पर अपनी दो पुस्तक डाक से भेज दीं।

मैंने उनके इस अनुभव का लाभ उठाते हुए उन सहस्त्राधिक को तो नहीं, पर कुछ अद्यतन पुस्तकों की समालोचनाओं का उपयोग करते हुए समालोचना की कई पुस्तकें तैयार कीं जिनमें- 'आइने में कृतियाँ', 'कृतियों के स्वर', तथा 'कृतियों के तेवर' आपके समक्ष पहले ही प्रस्तुत कर चुका हूँ अब यह पुस्तक-'विविध स्वरों की गूँज' आपके समक्ष प्रस्तुत हैं।

पुस्तक के जन्म के माध्यम बने डॉ.कुंदन लाल उप्रेती जी, पद्मश्री डॉ.उषा यादव जी तथा डॉ.अमिता दुबे जी का हृदय से आभार व्यक्त करता हूँ।

पुस्तक की भूमिका लेखन का दायित्व मेरे घनिष्ट मित्र विद्वान साहित्यकार श्री मदन मोहन शर्मा जी ने किया है। उनका भी हार्दिक आभारी हूँ। इसके साथ ही आप विद्वानों के कर कमलों में पहुँचकर यह पुस्तक अपना सही मूल्यांकन दर्ज

करायेगी अतः आप सभी को अग्रिम साधुवाद, हार्दिक आभार।

विनीत-

डॉ. दिनेश पाठक 'शशि'

28, सारंग विहार,

मथुरा-281006

Mbl-9870631805

# 1

# नारी जीवन की विषमताओं और संघर्ष के साथ नारी सशक्तिकरण की पक्षधरता करता उपन्यास : तारिणी

हिन्दी साहित्य की विविध विधाओं में साधिकार लेखनी चलाने वाली, प्रखर चिंतक, शिक्षाविद् एवं विदुषी, साहित्यकार पद्मश्री डॉ. उषा यादव जी का उपन्यास ''तारिणी'' एक ऐसा उपन्यास है जो 'यत्र नार्यस्तु पूज्यन्ते, रमन्ते तत्र देवता' वाले देश में अधिकांश पुरुष वर्ग द्वारा नारी जाति की कमजोर स्थिति का लाभ उठाने वालों के यथार्थ स्वरूप का, उनकी लोलुपता का, उनके उजले तन के अन्दर स्थित काले मन का खुलासा करता नजर आता है तो वहीं सच्चे प्रेम का शाश्वत उदाहरण भी प्रस्तुत करता है।

इस उपन्यास की मुख्य पात्र शालिनी है जो माता-पिता की मृत्यु उपरान्त अपने चाचा-चाची के रहमोकरम पर जीवन यापन करने को वाध्य है।

15 वर्षीया, अनिंद्य सुन्दरी शालिनी के सौन्दर्य और चाची के दुर्व्यवहार को सहते हुए भी चुपचाप सहन करने की क्षमता से प्रभावित, गली में एक-दो मुलाकात होने पर पड़ोस का एक युवक शालीनता से उसे अपनी जीवन संगिनी बनाने का प्रस्ताव रखता है जिसे शालिनी विनम्रता से यह कहकर टाल देती है कि वह एक अनाथ लड़की है जो अपने चाचा-चाची के घर का काम करके उनके टुकड़ों पर पल रही है।

किन्तु सुखद आलम्बन के फलस्वरूप युवा हृदयों में प्रथम प्रेम का अंकुर जब फूटता है तो सारी विषमताओं को बिसराकर सुखद अनुभूति होती है। शालिनी के साथ भी यही हुआ-

"जीवन में पहली बार शालिनी नामक किशोरी को अपनी अहमियत पता चली थी। चाचा की बेरुखी, चाची की डाँट, चचेरी बहन मंजरी का बड़बोलापन इस वक्त उसके दिल को ठेस पहुचाने में असफल थे। हर उम्र के छिछोरे पुरुषों की लार टपकाती आँखों का खौफ भी जाने किन अतल गहराइयों में दब गया था। सागर-मंथन से बाहर निकलने वाले इस अमृत-कलष की बूँद-बूँद उसके सर्वांग में समाहित होती जा रही थी।"

"प्रेम किस चिड़िया का नाम है, भले ही न जानती हो, पर अपने जीवन में मिला यह पहला विवाह-प्रस्ताव उसे बहुत-बहुत सुहाया।"(पृष्ठ-21)

गली की लड़कियों में नाक छिदवाने के शौक को देखकर, अपनी नांक छिदवाने की किशोरवय इच्छा से उसने अपनी एक पड़ोसिन सहेली सीमा से सलाह ली तो सीमा ने ईर्ष्यावश अपमान कराने के उद्देश्य से उसे शहर के बड़े जौहरी सेठ रतनलाल के आभूषण भण्डार पर भेज दिया। किन्तु आभूषण भण्डार का मालिक विधुर अषोक भी शालिनी की व्यथाकथा और सौन्दर्य पर इतना मोहित हुआ कि उसने शालिनी की नांक तो छेदी ही उसमें पचास हजार की कीमत की लौंग भी पहना दी साथ ही उसके समक्ष प्रणय निवेदन प्रस्तुत कर दिया जिसे शालिनी ने समय के निर्णय पर छोड़ दिया।

विदुषी लेखिका ने उपन्यास में कई ऐसे मोड़ दिए हैं जो पाठक की उत्सुकता बढ़ाने में उत्प्रेरक का कार्य करते हैं।

शालिनी के हृदय में अपने प्रथम प्रेम, युवा पड़ोसी अमित के प्रति जो कोमलभाव है, जो अमिट विश्वास और आकर्षण है, वह अपने से 30 वर्ष बड़े आभूषण भण्डार के मालिक विधुर अशोक के प्रति कैसे सम्भव है किन्तु अपनी

पुत्री का विवाह एक बिकलांग युवक के भाई के साथ करने हेतु शालिनी का विवाह उस बिकलांग युवक के साथ चुपके से करा देने के चाची के कुचक्र को छुपकर सुन लेने के बाद न चाहते हुए भी शालिनी को अशोक के प्रस्ताव को स्वीकारना पड़ा। वह नहीं चाहती थी कि आई.ए.एस. की तैयारी कर रहे अमित के साथ भागकर विवाह करके वह अमित को किसी संकट में डाले-

"तय था, चाचा-चाची की दुरभिसंधि सुनते ही अमित ढाल बनकर उसे बचाने के लिए खड़ा हो जायेगा। पर क्या बात यहीं खत्म हो जायेगी?...नहीं, नाबालिग भतीजी को बहका-फुसलाकर शादी रचाने के जुर्म में चाचा उसे पुलिस-थाने तक खींच ले जायेंगे। कानूनी दाव-पेच में फंसा देंगे। एक बार जेल जाने के बाद उस मेधावी युवक का पूरा भविष्य चौपट हो जायेंगा।"(पृष्ठ-43)

पहले से एक पुत्री के पिता 46 वर्षीय विधुर अशोक ने 16 वर्षीया शालिनी के सौन्दर्य से मोहित होकर उससे विवाह कर तो लिया किन्तु पुत्र की जगह शालिनी ने एक-एक कर सात कन्याओं को जन्म दे दिया तो वह कुंठित हो उठा। अपने कुटिल कर्मचारी की चालों में फंसकर शराबी और निकम्मा होकर अपने व्यवसाय को चौपट ही नहीं किया, घर के खर्च चलाना तक भी मुश्किल हो गया तो एक दिन चुपके से शालिनी से उत्पन्न अपनी सातों पुत्रियों को अनाथालय में छोड़ आया। शालिनी को चरित्रहीन बताते हुए अब वह गाली-गलौच व मारपीट भी करने लगा तो शालिनी ने वह घर छोड़ दिया।

सीमा के कहने पर उसके पति ने शालिनी को अपने मालिक टिम्बर मर्चेंट अरविन्द से मिलवाया तो अरविन्द भी 29 वर्षीया शालिनी के रूप-सौन्दर्य पर रीझ उठा किन्तु प्रत्यक्ष रूप से उसने शालिनी की सहायता के बहाने अपना मन्तव्य पूरा करने के लिए शालिनी को अलग से एक फ्लैट दिलवा दिया। उसकी सातों पुत्रियों को भी अनाथालय से ले आया और फिर पुत्रियों के भविष्य संवारने के नाम पर शालिनी के समक्ष विवाह का प्रस्ताव रख दिया।

"अरविन्द जी, मैं सड़क पर खड़ी थी। आपने मुझे रहने के लिए फ्लैट दिया, मेरी बच्चियों से मुझे मिलाया। बहुत एहसानमंद हूँ आपकी। पर अचानक यह विवाह प्रस्ताव?" ' (पृष्ठ-113)

डॉ. उषा यादव जी ने इस बीच की सभी घटनाओं का, अनाथालय आदि का विस्तृत सजीव चित्रण किया है जो पाठक-मन को आगे और आगे उपन्यास पढ़ते जाने के लिए बाध्य करता है।

नारी-मन के अन्तर्द्वन्द्व और फिर ममता के लिए अपने बलिदान को गौड़ सिद्ध करती एक नारी, एक माँ की आत्मा ने अरविन्द के प्रस्ताव को स्वीकार कर

लिया-

"एक मन था जिसे वह पहले ही अमित को दे चुकी थी। दूसरा तन था, जिसे वह ब्याह के बाद अपने पति अशोक को सौंप चुकी थी। अब इस तीसरे प्रस्ताव के तहत, अरविन्द को देने के लिए उसके पास था ही क्या?"

"बेटियाँ इस वक्त उसकी प्राथमिकता थीं और इन बेटियों का घटाटोप अंधेरे में गुम होता भविष्य उसे स्पष्ट नजर आ रहा था। इस अंधेरे को मेटने और वहाँ रोशनी के चंद कतरे भरने के लिए क्या उसे अपनी अंतरात्मा को मारना होगा? शायद हाँ। बेटियाँ यदि पढ़-लिखकर कुछ बन गईं तो उसकी देह और मन पर लगे सारे दाग खुद-ब-खुद धुल जायेंगे।" (पृष्ठ-113)

किन्तु मनुष्य जैसा सोचता है, वैसा ही हमेशा तो नहीं होता। एक दिन जब अरविन्द ने अपने साथ लाये दो आदमियों को शालिनी को परोसना चाहा तो बेटियों का भविष्य उज्ज्वल बनाने के जिस उद्देश्य को सोचकर शालिनी ने अरविन्द के साथ विवाह किया था वह दिवास्वप्न लगने लगा-

"सेठ रतनलाल के बेटे ने उसके रूप-पारावार की उद्दाम लहरों को जीतने में खुद को असफल भले पाया हो, पर उस सौन्दर्य पर किसी की दृष्टि कभी बरदास्त नहीं की।

रहा अमित, वह तो इस निधि को पलकों की मंजूषा में मूंदकर रखना चाहता था। तो क्या यह अरविन्द ही गलीच साबित हुआ? मन के भीतर झन्न से कुछ टूट गया था।" (पृष्ठ-124)

पहली मुलाकात में ही शालिनी को लेकर अरविन्द के दिमाग में जो कुटिल योजनाएँ बनी थीं वह उन्हीं की रूपरेखा तैयार करने में लगा था। इसीलिए उसने अपनी पहली पत्नी से उत्पन्न अपने रूठे हुए पुत्र को भी शामिल करने के लिए दिल्ली से आगरा बुला लिया था किन्तु जब शालिनी ने उसपर अपनी पुत्रियों की शिक्षा आदि के समुचित प्रबन्ध हेतु उससे पचास हजार रुपये महीना देने के लिए दबाव बनाया तो अरविन्द ने अपना वर्कशॉप दिखाने के बहाने शालिनी और बड़ी बेटी खुशबू को कुल्हाड़ी से कटवाकर और शालिनी के गर्भ से उत्पन्न अपने पुत्र कान्हा की गर्दन मरोड़वाकर खत्म करा दिया-

"जैसा आपका हुक्म। कहने के साथ ही मैकू के सिर पर फिर पागलपन हावी हो गया। फर्स पर एक मुचड़े कपड़े की तरह पड़े हुए कान्हा को उसने फौरन उठाया और गला मरोड़ दिया।....... (पृष्ठ-172)

इस उपन्यास को पढ़ने वाला कोई भी पाठक घटनाक्रम को गढ़ने की डॉ. उषा यादव जी की अद्भुत कल्पनाशक्ति की दाद दिए बिना नहीं रह सकता। समूचे

उपन्यास की एक-एक घटना इस तरह प्रस्तुत की गई है कि पाठक वर्ग के समक्ष विभिन्न रसों के साथ उस घटना का साक्षात् चित्र उपस्थित हो उठता है। मनुष्य के समूचे अस्तित्व को हिला देने वाली लोमहर्षक और वीभत्स सत्य घटनाओं को कल्पना के परिधान पहनाकर डॉ. उषा यादव जी ने अपनी लेखनी से नारी की विवशता, उसके ऊपर होते शारीरिक और मानसिक उत्पीड़न को अभिव्यक्ति प्रदान करके सामाजिक चेतना जाग्रत करने का स्तुत्य प्रयास किया है-

"अब यदि पति नामधारी जीव उसे अपने दोस्तों के बीच परोसने की कोशिश करेगा, उसके पूर्व पति से जन्मी बेटी पर बुरी निगाह रखेगा और उसकी सभी सातों बेटियों की पढ़ाई-लिखाई के प्रति उदासीन रहेगा, तो वह विक्षुब्ध क्यों न होगी?"(पृष्ठ-174)

माँ, एक बहन और भाई की हत्या हो जाने के बाद शेष छहों बहनों के उस फ्लैट में बन्द रहते हुए शारीरिक और मानसिक उद्द्वेलन का अति सूक्ष्म मनोवैज्ञानिक चित्रण विदुषी लेखिका ने किया है। इस दौरान मीडिया कर्मियों की कार्यशैली, एन.जी.ओ. वालों की झूठी सहानुभूति, शातिरों की अलग-अलग तरह की योजनाओं और मनचलों के द्वारा मौके का इंतजार आदि का विस्तृत उल्लेख अपनी लेखनी से लेखिका ने किया है-

"आज न सही कल, ब्यूटी पार्लर, मसाज सेंटर और अन्यान्य नामों से देह-व्यवसाय के फलते-फूलते धंधे में इन लड़कियों को उतारना ही है। इन छह खूबसूरत किशोरियों के बल पर वह आगरा जैसे शहर में मुम्बई की मादक रातों का तिलस्म न खड़ा कर सका तो मजा ही क्या रहा! (पृष्ठ-225)

"दु.ख की घड़ी में बच्चियों को यह नाटक बड़ा अशोभन प्रतीत हुआ। तिहरे हत्याकांड के खुलासे के बाद से वे हर पल समाज के जिस दोहरे चरित्र और लोगों के ओड़े हुए मुखौटों को देख रही थीं, क्या आम हालात में इनकी झलक पाना सम्भव था?"(पृष्ठ-203)

न्यायालयों द्वारा शीघ्र न्याय न मिलने को भी अन्याय की श्रेणी में रखा है तथा आये दिन अखबारों के पृष्ठों पर छपने वाले नाबालिग बच्चियों के साथ होते रेपकांडों का जिक्र करते हुए समाज के वीभत्स सत्य की कटु आलोचना की है।

फ्लैट में बन्द छहों बहनों के मन का भय आखिर कैसे समाप्त हुआ? हुआ भी या नहीं और फिर द्रोपदी की तरह उनकी लाज बचाने के लिए किसी ने चीर बढ़ाया या नहीं? यह रहस्य तो पाठकों को पूरा उपन्यास पढ़ने के बाद ही पता चलेगा।

विदुषी डॉ.उषा यादव जी ने पूरे उपन्यास को समसामयिक परिवेश से जोड़ते हुए बड़े ही तथ्यपरक उदाहरणों के साथ आगे बढ़ाया है।

माँ की ममता का पूर्ण रूप और विवशता का बहुत ही हृदय विदारक रूप मानव मन की पारखी डॉ. उषा यादव जी ने इस उपन्यास में प्रस्तुत किया है।

280 पृष्ठीय इस उपन्यास में शिल्प की कसावट और प्रयुक्त भाषा-शैली ऐसी है कि पाठक पूरा उपन्यास पढ़ लेने के बाद ही छोड़ता है। पूरे उपन्यास में घटनाक्रम इस तरह पिरोये हुए हैं कि पाठक की जिज्ञासा उसे पढ़ने के प्रति निरन्तर बढ़ती ही जाती है।

# 2

# मानव की मानसिक स्थिति, सामाजिक एवं पारिवारिक सम्बन्धों के बदलते समीकरण और मानवता को सर्वोच्च सिद्ध करता एक उत्कृष्ट उपन्यास : प्रश्नों के घेरे

हिन्दी साहित्य की कहानी, कविता, व्यंग्य, बाल कहानी एवं उपन्यास आदि विविध विधाओं में तथा अंग्रेजी साहित्य में उपन्यास विधा में साधिकार लेखनी चलाने वाली, शिक्षाविद् एवं विदुषी, प्रतिभाशाली साहित्यकार उषा शर्मा ने अपनी लेखनी से सृजित कृतियों से हिन्दी साहित्य में श्रीवृद्धि की है। उत्तर प्रदेश हिन्दी संस्थान लखनऊ से वर्ष-2021 की उत्कृष्ट कृति के रूप में प्रकाशन अनुदान से प्रकाशित उनका उपन्यास '' प्रश्नों के घेरे '' मानव की मानसिक स्थिति,

सामाजिक एवं पारिवारिक सम्बन्धों के बदलते समीकरण और मानवता को सर्वोच्च सिद्ध करता एक उत्कृष्ट उपन्यास है।

उपन्यास वास्तविक जीवन की काल्पनिक कथा है। साहित्य के जितने रूपविधान हो सकते हैं उनमें उपन्यास का रूप विधान सबसे लचीला होता है और वह परिस्थिति के अनुसार कोई भी रूप धारण कर ले सकता है। ''मानव चरित्र पर प्रकाश डालना और उसके रहस्यों को खोलना ही उपन्यास का मूल तत्व है।'' ऐसा कथा-सम्राट मुंशी प्रेमचंद जी का मानना है। वे उपन्यास को मानव जीवन का चित्र मात्र समझते हैं।

मानव चरित्र पर प्रकाश डालने में निपुण सुश्री उषा शर्मा का पांचवां उपन्यास ''प्रश्नों के घेरे'' है जिसमें नारी जाति के जीवन से सम्बन्धित अनेक उलझनों, बन्धनों, समस्याओं के प्रति प्रश्नों को रेखांकित किया गया है और यह प्रश्न भी कि नारी के ही जीवन में यह सब क्यों?

*''क्या दादी, यहाँ सबको बुरा लगेगा यहाँ कुछ मत कहो। वहाँ सबको बुरा लगेगा वहाँ कुछ मत कहना। क्या दादी लड़की की जिन्दगी ऐसी क्यों होती है? क्यों वह बस चुप रहती है? क्यों बड़ों की आज्ञा मानना ही उनका कर्तव्य होता है? क्यों कर्तव्य में बँधी होती है वह? क्यों शान्त रहना पड़ता है? उन्हें यही कहा जाता है कि बस शान्त रहो, सब कुछ सहो, क्यों दादी क्यों?.( पृष्ट-17)*

मानव जीवन भी एक विचित्र पहेली है। सभी चेहरे जो मुस्कराते नजर आते हैं उनमें कुछ ऐसे भी होते हैं जिनका हृदय असीम त्रासदियों से अन्दर ही अन्दर युद्धरत होता है। जिस प्रकार उदर की क्षुधा को तृप्त करने के लिए भोजन की और मानसिक क्षुधा के लिए ज्ञान की आवश्यकता होती है उसी तरह शरीर की भी अपनी एक क्षुधा होती है जिसकी अतृप्ति भटकनों के रास्ते प्रशस्त करती है किन्तु भारतीय संस्कृति, भारतीय नारी को अनेक बेड़ियों में जकड़े उसे पाश्चात्य की स्वतंत्रता प्रदान नहीं करती फलतः भारतीय नारी, देवी बनी अन्दर ही अन्दर प्रदीप्त ज्वाला को मौन के आवरण में छुपाये सुलगती रहती है।

उपन्यास-'प्रश्नों के घेरे' की माधुरी जैसी अनेक नारियाँ हैं जो अपने सुलगते जीवन को होम कर देती हैं।

*आज अपूर्व की बातों ने उसके जीवन में क्यों? क्या? जैसे शब्दों को जगह दे दी थी। वह बार-बार सोचती रही कि क्यों उसने अपनी जायदाद दामाद के नाम की। क्यों? उसके साथ हर कदम पर छल हुआ। क्यों आंखिर क्यों?(पृष्ट-15)*

क्लारा रीव ने अपनी पुस्तक-''प्रोग्रेस ऑव रोमांस'' में उपन्यास विधा के बारे में लिखा है-''उपन्यास अपने युग का चित्रण करता है। उपन्यास की सफलता

इसमें है कि प्रत्येक दृश्य इस सरलता और स्वाभाविकता के साथ प्रस्तुत हो और उसे इतना सामान्य बनाया जाय कि उसकी वास्तविकता में विश्वास हो जाय, कम से कम जब तक हम उसे पढ़ते रहें। यहाँ तक कि पात्रों के सुख-दुःख से हम वैसे ही प्रभावित हों मानों वे हमारे अपने ही हैं।''

उपन्यास ''प्रश्नों के घेरे'' पर भी यह उक्ति पूर्णरूपेण सटीक बैठती है जिसमें लेखिका ने उपन्यास की नायिका 'माधुरी' के माध्यम से समस्त नारी जाति की समस्याओं, विडंम्बनाओं और अन्तर्द्वन्द्वों को बहुत ही बारीकी से उकेरा है। नवविवाहिता पत्नी के साथ पैशाचिक व्यवहार, विवाह विच्छेद के बाद पुत्री-दामाद के साथ सामंजस्य आदि।

''तड़ाक्-तड़ाक्... गाल पर पड़े थप्पड़ों की आवाज से पूरा कमरा गूंज गया था.....साली जवान भी चलाती है...कमीनी तुझे पता है हमारे घर में औरतें जवान नहीं चलाती....समझी?.....अब निकल यहाँ से बड़ी आई थी सुहागरात मनाने।...अब मन गई न सुहागरात....अब क्या है.....जा यहाँ से....कहते...कहते उसने माधुरी के लम्बे बालों को पकड़ा और घसीट कर बाहर कर दिया और अन्दर से कमरा बंद कर लिया। (पृष्ट-54)

माना कि पुरुष प्रधान समाज में शोषण का सारा दोष पुरुष के सिर ही लगता रहा है किन्तु वास्तविकता यह भी है कि आदि काल से ही नारी ही नारी की शोषक रही है पुरुष को माध्यम बनाकर।

''रहने दो मीरा, अब घावों पर नमक मत लगाओ। दिनेश ने जो किया और तुमने जो किया वह मैं आज तक नहीं भूली हूँ। दोनों अपनी-अपनी सजा पा रहे हो। वैसे मुझे किसी से न कभी कोई शिकायत थी न है क्योंकि होता वही है जो होना होता है फिर क्यों किसी को दोष दें।''-कहते हुए माधुरी ने रिक्शा पकड़ा और चल दी। (पृष्ट-134)

उपन्यास की नायिका माधुरी का विवाह सास द्वारा अपने उस पुत्र के साथ करा देना जो पहले से ही चारित्रिक और मानसिक दोषों से ग्रसित था और माधुरी की माँ द्वारा ऐसे व्यक्ति के साथ स्वीकृति इसलिए दिया जाना कि वे लोग बिना दहेज के विवाह करने को तैयार हैं साथ ही माधुरी के अन्य छोटे बहन-भाइयों के विवाह का मार्ग भी प्रशस्त हो जायेगा, नारी के द्वारा नारी के शोषण का ही उदाहरण हैं। उपन्यास की 'माधुरी और फिर शालू' भी अपनी माँ और सास के कुचक्रों का शिकार बनती रही हैं।

सुश्री उषा शर्मा इस उपन्यास के वस्तु विन्यास को विश्वसनीय बनाने में सफल रही हैं यह कहना अतिशयोक्ति नहीं होगा। घटनाओं के परस्पर घात-प्रतिघात से

संघर्ष की स्थिति उत्पन्न होती है जो पराकाष्ठा की ओर अग्रसर होकर चरमोत्कर्ष की सृष्टि करती है। माधुरी के साथ घटित घटनाओं का चक्र पाठक को अपना सहयात्री बनाते हुए उसे पूरे वातावरण से रूबरू कराता हुआ, उसी धारा में बहाये ले जाता है जिसमें उपन्यास के पात्र बह रहे होते हैं।

*जिस तरह सुबह के बाद रात और रात के बाद सुबह आना निश्चित है हरियाली के बाद बंजर निश्चित है उसी तरह एक दिन अचानक दिनेश ने आकर एक फोटो दिखाया-'ये मीरा है बहुत स्वाभिमानी है, अपना काम करना चाहती है तो मैंने सोचा कि इनकी मदद कर दूँ।'*

*"लगता है आपने पूरी दुनिया की औरतों की सहायता करने का ठेका ले रखा है?"-माधुरी सुलग उठी। (पृष्ट-128)*

सुश्री उषा शर्मा ने उपन्यास ''प्रश्नों के घेरे'' के एक एक पात्र को इस कुशलता से गढ़ा है कि सभी पात्रों के क्रिया-कलाप और भाव भंगिमा का साक्षात चित्र प्रकट होता प्रतीत होता है। माधुरी के जीवन में पति से विच्छेद के बाद दिनेश का प्रवेश भी एक महिला मीरा के कारण निरापद न रह सका तो माधुरी व्यथित हो उठी-

*"रहने दो मीरा, अब घावों पर नमक मत लगाओ। दिनेश ने जो किया और तुमने जो किया वह मैं आज तक नहीं भूली हूँ। दोनों अपनी-अपनी सजा पा रहे हो। वैसे मुझे किसी से न कभी कोई शिकायत थी न है क्योंकि होता वही है जो होना होता है फिर क्यों किसी को दोष दें।"-कहते हुए माधुरी ने रिक्शा पकड़ा और चल दी।( पृष्ट-134)*

बावजूद इसके, जीवन के अन्तिम पड़ाव पर माधुरी स्त्री के एकाकीपन की पीड़ा और उसकी असहायता का एहसास करके सभी ऐसी महिलाओं को एक आश्रय प्रदान करने की सोचती ही नहीं अपितु उसको क्रियान्वित भी करती है एक 'मैत्रीघर' बनाकर और यही वह बात है जो सुश्री उषा शर्मा का उपन्यास मानवता को सर्वोच्च सिद्ध करता प्रतीत होता है।

*चारों ओर खुशियों के माहौल के बीच दो वृद्धाएँ अन्य को सहारा देने के लिए हाथ बढ़ा रहीं थीं, क्या ये उसके जीवन की पूर्णाहुति थी? क्यों आज भी अकेली खड़ी माधुरी इस दिशा में आगे बढ़ी?*

*मैत्रीघर सभी वृद्ध महिलाओं के लिये सहारा बनने को तैयार था। अनेक प्रश्नों के घेरे से निकल कर माधुरी आज दूसरों के प्रश्नों को हल करने की दिशा में कदम आगे बढ़ा चुकी थी।( पृष्ट-158)*

देशकाल और पात्रों के अनुकूल स्वाभाविकता, उपन्यास की रोचकता और आकर्षण को बढ़ाने वाली अभिनयात्मकता और सरसता इस उपन्यास में सर्वत्र

विद्‌यमान है और यही इसकी सफलता है।

# 3

# कोरोना काल की समस्त स्थितियों पर गागर में सागर भरता अद्भुत, सरस उपन्यास : लाकडाउन डेज़

अध्ययनकाल में विश्वविद्यालय में प्रथम स्थान सहित अनेक स्वर्ण पदक प्राप्त करने वाली एवं हिन्दी साहित्य की कहानी, बाल एवं किशोर साहित्य, समीक्षा एवं उपन्यास आदि विधाओं में साधिकार लेखनी चलाने वाली, विदुषी, साहित्यकार डा.कामना सिंह का उपन्यास ''लाकडाउन डेज़'' एक ऐसा उपन्यास है जो यह सिद्ध करता है कि एक साहित्यकार की संवेदना एवं भावुकता सामान्य जन से कहीं अधिक होती है। जिन परिस्थितियों एवं घटना-दुर्घटनाओं से एक आम प्राणी क्षणिक प्रभावित होने के बाद उन्हें भूलने लगता है वही परिस्थितियाँ एक साहित्यकार के हृदय को किस प्रकार आन्दोलित करती हैं, इसका अनुमान डा.कामना सिंह के उपन्यास ''लाकडाउन डेज़'' को पढ़कर लगाया जा सकता है।

उपन्यास का प्रारम्भ बहुत ही आकर्षक तरीके से किया गया है। पूरे उपन्यास का निचोड़, उपन्यास के नायक कुणाल के द्वारा कहलवाकर-

''मैं एक छोटे से घर में क्वारंटीन में रहकर यह प्रकरण लिख रहा हूँ। बात लाकडाउन के दौर की है, पर मुझे लगता है कि इंसान के जीवन की पूरी कहानी इसमें समाई है।

मानव का एक आकलन। मानव-जीवन, उसकी उपलब्धियाँ अनुपलब्धियाँ, जय-पराजय, उत्साह-अनुत्साह सभी कुछ है इसमें। यह कहानी सामने आई, सिर्फ एक वायरस की वजह से। वायरस जिसने मानव-प्रजाति को हिला दिया। वायरस जिसने मनुष्य की आँखें खोल दीं।'' (पृष्ठ-9)

सचमुच ही इंसान के जीवन की पूरी कहानी इसमें समाहित करने के लिए डा. कामना सिंह ने विश्व का कोना-कोना तो छान मारा ही है, मनुष्य के हृदय का भी कोई कोना अछूता नहीं छोड़ा है।

डा. कामना सिंह के इस उपन्यास की नायिका ईशानी भी उपन्यास के प्रारम्भ से अन्त तक नायक कुणाल की स्मृतियों के द्वार खटखटाती नजर आती है। अति महत्वाकांक्षी कुणाल, अपने दफतर के काम से ऑस्ट्रेलिया गया था। कोविड-19 के कारण सभी देशों का वातावरण बदलने लगा था। ऑस्ट्रेलिया से लौटते में उसने बड़ी ही हड़बड़ाहट में फ्लाइट पकड़ी। जब वह भागते हुए हवाई जहाज तक पहुँचा, उसके नाम की अंतिम पुकार की उद्घोषणा हो रही थी ।

''जहाज चलने को तैयार था। स्विचऑफ करने के लिए मोबाइल खोला। स्क्रीन पर कई घंटे पहले आया ईशानी का मैसेज चमक रहा था,-''यदि तुम मेरे साथ चलना नहीं चाहते, तो हमारा अलग हो जाना ही बेहतर है। कुणाल, सोमवार तेईस मार्च को मेरी शादी है और मंगलवार को विदाई।.....(पृष्ठ-15)

वही ईशानी जिसके साथ कुणाल ने कभी अच्छा व्यवहार नहीं किया। उसके विवाह का मैसेज पढ़कर कुणाल हड़बड़ा कर सोचने लगा-

''आज मंगलवार चौबीस मार्च है। दोपहर का बारह बज रहा है। यानि ईशानी की विदाई हो चुकी होगी।......ईशानी की शादी! ऐसा तो मैंने कभी सोचा ही नहीं था। (पृष्ठ-11)

उसे याद आया, एयरपोर्ट से बाहर निकलते समय उसे जांच अधिकारियों ने क्वारंटीन होने की सलाह दी थी। अचानक उसे अपनी पिछली नौकरी का सहकर्मी, मित्र मिलिन्द याद आया जिसने उसके 'की-रिंग' मे अपने फार्म हाउस की चाबियाँ डालते हुए उससे कहा था कि मित्र जब भी जरूरत पड़े, मेरे फार्म हाउस में आ जाना। फार्म हाउस का ताला खोलकर वह अन्दर जाकर अजनबी जगह पर अपने को अजीब ऊहापोह की स्थिति में महसूस करता है।

और फिर लेखिका ने ईशानी के प्रति कुणाल के मानसिक द्वन्द्व और ऊहापोह का बहुत ही मनोवैज्ञानिक वर्णन किया है उपन्यास में।

"रात के अंधकार में मेरी सारी सोच बस ईशानी में समाती जा रही थी।....एक हारे हुए इंसान।....नहीं, कभी नहीं, मैं हारा हुआ इंसान नहीं हूँ ईशानी किसी और से शादी करे, यह मेरा ही फैसला था।'' (पृष्ठ-24)

फिर जांच अधिकारी के शब्द याद आते हैं-

"तुम्हें अपने को क्वारंटीन करना होगा। यह देश और मानवता के हित में बहुत जरूरी है।'' (पृष्ठ-23)

वाथरूम में नहाने के बाद, किचिन में जाकर एक कप चाय तैयार की और सोफे पर बैठकर टी.वी. ऑन कर दिया।

"सभी चैनलों पर अफरा-तफरी मची हुई थी। ज्यादातर चैनलों पर जो न्यूज आ रही थी वह कोरोना से जुड़ी थी।...अजीव सा लगने लगा मुझे। बनारस में क्या चल रहा होगा? कोरोना से बड़ी उम्र के लोगों को ज्यादा खतरा है, यह बात चिंतित करने वाली थी।.....मेरी दोनों दीदियाँ पहले ही ससुराल जा चुकी हैं और आज तो ईशानी भी चली गई होगी। अब माँ-पापा का ध्यान कौन रखेगा? और ईशानी की अम्मा की देखरेख कौन करेगा? ...मन बेहद बेचैन हो उठा। यह कैसा समय है? उन तीनों को मेरी जरूरत है और मैं यहाँ इस कमरे में बंद। क्या करूँ? एक बार पापा से फोन पर बात करूँ?'' (पृष्ठ-27)

भारत में इक्कीस दिन का लाकडाउन हो गया था।.....यानि मैं ही नहीं, कोई भी कहीं नहीं जा सकता था।'' (पृष्ठ-27)

जब किसी के मन में अन्तर्द्वन्द्व चल रहा होता है तो वह मनुष्य उस स्थिति से बचने के लिए अपना रास्ता बदल लेता है। लेखिका ने ईशानी को लेकर कुणाल के मन में चल रहे अन्तर्द्वन्द्व को बड़े ही मनोवैज्ञानिक रूप से चित्रित किया है। कुणाल मोबाइल पर फिर किसी काल या मैसेज को पढ़ने से कतरा रहा था इसलिए फ्लाइट से उतरकर अभी तक उसने मोबाइल से किसी को काल नहीं किया था यहाँ तक कि वह मोबाइल को स्विच ऑन करना तक भूल गया था। इतने दिन में मोबाइल की बैटरी भी जा चुकी थी, अतः उसने अपने बैग में चार्जर ढूंढ़ना शुरू किया जो नहीं मिला। शायद अपनी फाइल के साथ अपने दफ्तर की अलमारी में ही बन्द कर आया वह।

यहाँ लेखिका डा.कामना सिंह की दूरदृष्टि की प्रशंसा किए बिना नहीं रहा जा सकता कि उन्होंने उपन्यास के ताने-बाने को निर्विघ्न आगे बढ़ाने के लिए कितने सुन्दर बहाने का प्रयोग किया कि मोबाइल की बैटरी चली गई और चार्जर भी वह

अपने लैपटॉप के साथ ही दफ्तर में ही छोड़ आया है। यानि इस जंगल में बने फार्महाउस में पूरे क्वारंटीन के दौरान कुणाल न किसी को अपना हाल-चाल बता सकता है और न किसी के हाल-चाल पूछ ही सकता है और वह इस समय कहाँ पर है, यह बात भी किसी को नहीं बता सकता है। केवल और केवल पूरे समय दीवार पर लगे उस टी.वी. के सहारे दुनिया के समाचार जान सकता है।

टी.वी. के माध्यम से ही उसे पता चलता है कि कुछ महीने में ही देश की क्या से क्या स्थिति हो गई है? इंसान की एक-दूसरे के प्रति सोच में कितना बदलाव आ गया है -

''आज सड़कें सूनी पड़ी हैं। लोग एक दूसरे को शक भरी निगाह से देख रहे हैं। हाथ मिलाते से डर रहे हैं। दूसरे की दी चीज खाने में डर रहे हैं। भय!भय! और सिर्फ भय। और यह सारा परिवर्तन सिर्फ एक वायरस की वजह से। कोविड-19।'' (पृष्ठ-33)

कुणाल कमरे में बन्द है लेकिन दुनिया जहान की प्रतिदिन घट रही घटनाओं की जानकारी उसे टी.वी. से प्राप्त हो रही हैं। टी.वी से ही उसे पता चला कि अंतिम संस्कार करना जिन्हें कभी मानवता की सेवा लगा करता था, उनकी सोच भी कितनी बदल दी है इस वायरस ने-

''इटली के एक कस्बे के एक अस्पताल में कोरोना वायरस से संक्रमित पिचासी वर्षीय व्यक्ति की जीवन लीला खत्म हो गई। लेकिन पांच दिन बीतने के बाद भी उनका मृत शरीर अंतिम संस्कार के लिए इंतजार कर रहा है।''(पृष्ठ-38)

देश में जैसे-जैसे कोरोना बढ़ रहा है मजदूर वर्ग व्याकुल होकर अपनी-अपनी जगह से उठकर चल दिया है। इस पलायन के कारण सरकार के मूल कार्य, कोरोना की रोकथाम, .में पड़े व्यवधान का उल्लेख करते हुए लेखिका ने चिन्ता व्यक्त की है-

''जो सरकार पहले जी जान से कोरोना से लड़ रही थी, आज वह मजदूरों के हितों की रक्षा के लिए व्याकुल है। ठिकाना, रोटी-पानी, मेडिकल सुविधाएं, सभी कुछ सरकार मुहैया करायेगी।''(पृष्ठ-77)

उस कमरे में अकेले बन्द रहते हुए कुणाल को कई दिन बीत चुके हैं। उसके पास टी.वी. देखने के सिवा फुर्सत ही फुर्सत है। उसका मन उड़कर कभी बनारस में माँ-पापा के पास पहुँच जाता है तो उसी क्रम में ईशानी भी उसकी स्मृति के दरवाजे को निरन्तर खटखटाती रहती है। उसे याद आ रहा है खेल-में हार जाने पर ईशानी को डांट देना, ईशानी का रोकर अपने घर भाग जाना, बड़ी बहन द्वारा पापा से शिकायत की धमकी पर ईशानी के घर जाकर उसे मनाना और हाथ पकड़कर अपने

घर वापस ले आना। और इंजीनियरिंग की पढ़ाई के लिए दिल्ली में एडमीशन हो जाने पर ईशानी का प्रश्न करना-

"मेरे दिल्ली जाने के एक दिन पहले ईशानी मेरे कमरे में आई और बुरा सा मुंह बनाकर खड़ी हो गई। फिर उसने कुछ हिचकिचाकर प्रश्न किया-'कुणाल, कोई अपना शहर क्यों छोड़ देता है?'

'जरूरत की वजह से ईशानी।'

'मैंने तय करा है मैं कभी भी अपने शहर से दूर नहीं जाऊगी।'

'मन में एक गर्व जगा कि मैं अंग्रेजी पढ़ने वाला, इंजीनियरी पढ़ने वाला स्मार्ट इंसान हूँ और यह हिन्दी मीडियम की , अपने गाँव-देहात से जुड़ी, एक पिछड़ी हुई लड़की है।'

'ओह! उस दिन कितना गलत था मैं! आज पछतावा होता है अपनी सोच पर।''(पृष्ठ-53)

किशोरावस्था की ऐसी मनोवैज्ञानिक और मोहक बातें उपन्यास के बीच-बीच में लेखिका ने समाहित की हैं कि कोरोनावायरस जैसे भयावह और नीरस विषय पर लिखा उपन्यास भी रसमय हो उठा है।

कुणाल का मन जब टी.वी. के इन समाचारों से ऊबने लगा तो फिर से ईशानी की स्मृति ने द्वार पर दस्तक दी-

"इस समय ईशानी कहाँ होगी? उसके पति का घर कितना बड़ा होगा?.....सारी बातें इधर-उधर से घूम-फिर कर ईशानी पर ही क्यों लौट आती हैं, मैं नहीं समझ पा रहा हूँ उसका- मेरा कोई नाता न तो था, न तो है, न कभी होगा।''

"क्या एक बार फिर झूठ नहीं बोल रहा हूँ मैं?.....कहीं न कहीं तो कोई नाता हमेशा रहा है हमारे बीच। और अब वह नाता खत्म हो चुका है, यही सच है। ...इस सच को झेलने के लिए मुझे अपने अन्दर ताकत लानी होगी।''

"एक बात मेरे मन में कई दिनों से बार-बार आ रही है। अपनी कुंठा के चलते मैंने ईशानी को गंवा दिया।......वह तो हमारे घर के एक सदस्य जैसी थी। हम लोगों को छोड़कर दुनिया में कहीं भी जाना पसन्द नहीं करती थी।......वह कहीं और खुश कैसे रह पायेगी?''(पृष्ठ-80)

ईशानी की माँ द्वारा उसकी माँ से यह कहे जाने पर कि ईशानी को आपने सिर चढ़ा रखा है। आगे कौन इसे संभालेगा। माँ द्वारा यह कहा जाना कि इसे बड़ा तो होने दीजिए, यही हमें सम्हालेगी। कुणाल की समझ में आ रहा है अब।

" माँ ऐसा क्यों कहती थीं? क्या उन्होंने मन ही मन ईशानी में अपनी भावी पुत्रवधु को देखना शुरू कर दिया था?''(पृष्ठ-80)

ईशानी से जुड़ी हर छोटी-बड़ी बात आज इस मकान में क्वारंटीन के दौरान कुणाल को रह-रह कर याद आ रही है।

"आज मैं बीमार हूँ पर ईशानी की फिक्र कर रहा हूँ। वह भी तो ऐसी ही थी।".(पृष्ठ-80)

लेखिका के पास हर क्षेत्र में ज्ञान का भण्डार है, ऐसा उपन्यास पढ़ते समय अहसास होता है। चाहे वह बीमारी के बारे में बात हो, महामारी के बारे में बात हो या फिर वाराणसी के मणिकर्णिका घाट के महत्व सम्बन्धी बात हो या फिर जानवरों की तस्करी सम्बन्धी बात हो लेखिका ने उपन्यास में अपनी लेखनी से चमत्कृत ही किया है-

इतना ही नहीं कोरोना वायरस के कारण उत्पन्न हालातों में आम आदमी के सपनों का जिक्र, किन्नरों की समस्या का उल्लेख, मरीजों की क्या मनःस्थिति हो गई है। किसानों की सोच में क्या परिवर्तन आया है। मजदूरों की सोच में, कोरियर सेवादाताओं की सोच में और ऑनलाइन सामान बेचने वालों की मनःस्थिति के साथ-साथ रेड लाइट की वेश्याओं, विभिन्न इमारतों के चौकीदारों की बदली हुई मनःस्थिति, भीख मांगने वालों की दशा आदि का वर्णन लेखिका ने इस उपन्यास में किया है। सब जगह मची उथल-पुथल और उद्योगधन्धों में, मैडीकल आदि में हुए उतार-चढ़ाव, कोरोना वॉरियर्स का त्याग और सेवा भावना, दुनिया की सबसे ज्यादा उम्र की महिला का एवं तीन हफ्ते की बच्ची का तथा देश के पहले बुजुर्ग दम्पति का कोरोना से ठीक होना, अलग-अलग तरह के विभिन्न लोगों के एकाकीपन के अनुभव, कैंसर होने पर भी आँगनवाड़ी की कार्यकर्ता नीलम का सेवा भाव, कौन सा कोना है, जहाँ लेखिका डा. कामना सिंह ने झाँक कर नहीं देखा हो ?

खेतों के बीच बने उस घर में रहते हुए कुणाल को कई दिन हो गये है। टी.वी.पर आ रहे समाचारों से दुनिया के हाल से रूबरू होते रहना और अपने अतीत की स्मृतियों के झूले में झूलने के सिवा वह कर भी क्या सकता है। पढ़ाई के कारण घर-परिवार से दूर रहना और अपने अन्तर्मुखी स्वभाव के कारण अपने आप में ही सीमित रहना, उसकी आदत बनती जा रही थी। ईशानी के सवालों को उसने कभी गम्भीरता से नहीं लिया, पर यहाँ क्वारंटीन में बन्द पड़े-पड़े उसे विगत का वह सब घटनाक्रम याद आ रहा है-

"....कितनी अजीब बात है जो बांधने वाले रिश्ते थे, मैंने उन्हें अहमियत नहीं दी। और जो भटकाने वाली बात होती हैं रुपया-पैसा, शान-शौकत, उन्हीं में उलझकर मैं इधर से उधर घूमता रहा।"(पृष्ठ-116)

मनुष्य अपने आप को छलता रहता है। अति महत्वाकांक्षाएं उसे भटकाती रहती हैं तभी तो कुणाल ने अपने पिता और ईशानी की भावनाओं को नहीं समझा।

क्वारंटीन के दौरान इस एकाकीपन में कुणाल को स्मृतियों की बयार विगत में उड़ा-उड़ा ले जा रही है। ईशानी के पिताजी की मृत्यु होने के कुछ दिन बाद जब वह घर गया था तो उसे अपने पापा की बातें अजीब सी लगीं। वे बनारस के आस-पास कोई नौकरी करने और अपने गाँव की खेती की देख-रेख की उसे सलाह दे रहे थे। ''क्यों, क्या पढ़े-लिखे लोग रोटी नहीं खाते। और रोटी खेतों से ही उगती है बेटा।''(पृष्ठ-117)

मगर आईआईटी दिल्ली की पढ़ाई के अहंकार और अमेरिका या इग्लैंड जाकर बसने के सपने ने उसे अपने पापा की बात पर ध्यान नहीं देने दिया-

''......महामारी के समय, पता नहीं क्यों अपनी जन्मभूमि बहुत याद आ रही है.....पापा ने तो मुझे बार-बार समझाया था कि नौकरी छोड़ दो। काश! मैंने उनकी बात मान ली होती।''(पृष्ठ-117)

ईशानी की स्मृति कुणाल को इस हद तक भावुक करने लगी है कि उसे अपनी भूल का अहसास होने लगा है। लेखिका ने बहुत ही मार्मिक तरीके से इसे व्यक्त कराया है कुणाल के मुँह से-

''ईशानी में मैंने अपनी जीवन संगिनी कभी नहीं देखी थी। दोनों दीदियों की शादी के बाद भी ईशानी सुबह से शाम तक हमारे घर में ही रहती थी। यह देखकर मुझको हमेशा सुकून मिलता था कि वह मेरे माँ-पापा का ख्याल रख रही है। मैं उससे शादी करूंगा, ऐसा मैंने कभी नहीं सोचा था। पर आज इस कमरे में क्वारंटीन रहते हुए मैंने सबसे ज्यादा ईशानी को ही याद किया है। उसके तौर-तरीके, सिद्धान्त जैसे थे, शायद हमारे जैसे मध्यमवर्गीय लोगों को उसी तरह की जीवन-शैली को अपनाना चाहिए। सब कुछ पाकर भी जमीन से जुड़े रहना, यही तो उसका तरीका था न! और यही मैं नहीं सीख पाया था न! इसलिए मैंने उसकी कीमत पहले नहीं समझी।.......

यहाँ इस घर में रहते हुए आज उन्नीसवां दिन है। लेकिन मैं अभी भी ईशानी के उसी मैसेज पर अटका हुआ हूँ-'यदि तुम मेरे साथ चलना नहीं चाहते, तो हमारा अलग हो जाना ही बेहतर है।'(पृष्ठ-191)

''बनारस की गली की सीधी-सादी ईशानी मुझे कहाँ लेकर जायेगी? मैं दिल्ली की हवाओं से बात करने वाली पत्नी के लिए भी तैयार था। बडा सा घर और सुन्दर सी पत्नी पाना मेरा लक्ष्य बन गया था।''(पृष्ठ-202)

लेकिन जब दिल्ली की हवाओं से बात करने वाली मणिका मिली तो ...। नई कम्पनी के मालिक मधुकर ने अपनी बेटी मणिका से कुणाल की शादी करने के उद्देश्य से दोनों को मिलने का अवसर देते हुए मुरथल जाने का सुझाव दिया।

"चमेली के फूलों भरी डाल सी महकती अति खूबसूरत मणिका दिल्ली यूनिवर्सिटी की पढ़ी अपने पिता की दुलारी ही नहीं, बहुत बिंदास भी थी।"(पृष्ठ-145)

मणिका बोल्ड थी, और किस हद तक थी, यह मुझे जल्दी पता चल गया।........मधुकर सर की कीमती कार में बैठकर जब हम दोनों मुरथल पहुँचे तो वहाँ मणिका के दो दोस्त पहले से मौजूद थे।......एक लम्बा सा 'हाय' कहकर दोनों बांहें फैलाकर वह उन दोनों लड़कों से जिस तरह लिपटी, उसे देख मेरे संस्कारी मन ने कितना झटका खाया, मैं ही जानता हूँ।"(पृष्ठ-149)

परांठे खाने के बाद शराब की बोतल और फिर कुणाल को दूसरी कार से घर जाने की कहकर खुद दोनों दोस्तों के साथ और मस्ती करने के लिए रुकने की कहने पर कुणाल के होश उड़ गये और दूसरे ही दिन उस कम्पनी को रिज़ाइन कर वह मधुकर सर और उनकी पुत्री मणिका से दूर भाग लिया।

मणिका के बहाने लेखिका ने बड़े-बडे शहरों में आधुनिक सभ्यता के नाम पर धनपतियों के बच्चों में फैल रहे अपसंस्कृति के कीटाणुओं की ओर भी इशारा कर दिया है।

कोरोनावायरस जैसे नीरस विषय को लेकर भी डा. कामना सिंह ने इस उपन्यास को जैसा सरस और पाठक को अन्त तक पढ़ते जाने पर बाध्य करने वाला लिखा है वह कला सराहनीय एवं अद्वितीय है।

और उपन्यास का अन्त? ......अन्त तक अनुमान नहीं लगाया जा सकता कि उपन्यास का अन्त ऐसा भी हो सकता है।

क्वारंटीन का बीसवां दिन।

कुणाल विचारमग्न है। मन में उथल-पुथल मची है।

इन बीस दिनों में उसने जीवन और जगत का जो अनुभव सिर्फ आत्म-मंथन से पाया है, वह कदाचित् शिक्षा की ऊंची डिग्रियां भी नहीं दे सकी थीं। पैसे के पीछे भागने का दुष्परिणाम उसके सामने है। छत और दीवारों से निर्मित एक घर के अंदर जब शांतिपूर्वक रहा जा सकता है, तो उसने अपने गृह-नगर बनारस को छोड़ दर-दर की भटकन को क्यों स्वीकार किया? इंसान का पेट जब सामान्य दाल-रोटी से भर सकता है, तो किन आवश्यकताओं की पूर्ति के लिए उसने देश-विदेश की खाक छानी? लॉकडाउन के इन तीन सप्ताह में जब लंबे चिंतन-मनन द्वारा उसके

मन की आंखें खुल गई हैं, तो फिर भूमंडलीकरण के युग की त्रासदी क्यों झेले? कुणाल का यह जड़ों की ओर लौटना ही वह पर्यवसान-बिंदु है, जो उपन्यास को एक महत् उद्देश्य से जोड़ देता है। फिर प्रेम की मधुरिमा से अवसाद को तिरोहित होना ही है। यही अंधेरे से उजाले की खोज इस उपन्यास की मूल संवेदना है। निश्चय ही यह संवेदना उपन्यास को बार-बार पढ़ने के लिए प्रेरित करती है। कोरोना महामारी पर हिंदी का न सिर्फ पहला, बल्कि अपने ढंग का अकेला उपन्यास सिद्ध करती है।

इस अद्भुत उपन्यास में डा. कामना सिंह ने अथाह जानकारियों का समावेश बहुत ही सहज और सरल रूप में किया है कि लगता है विश्व के कोने-कोने को उन्होने इसमें समाहित कर दिया हो। शिल्प की कसावट और प्रयुक्त भाषा-शैली ऐसी है कि पाठक पूरा उपन्यास पढ़ लेने के बाद ही छोड़ता है। पूरे उपन्यास में घटनाक्रम इस तरह पिरोये हुए हैं कि पाठक की जिज्ञासा पढ़ने के प्रति निरन्तर बढ़ती ही जाती है।

# 4

# इंसानियत और राष्ट्र-भक्ति की भावना की प्रतिष्ठापना को उद्यत अद्भुत कहानियों का दस्तावेज : रॉकी अहमद सिंह

हिन्दी साहित्य की विविध विधाओं में 56 कृतियों के सृजनकर्त्ता, प्रबुद्ध साहित्यकार श्री संजीव जायसवाल संजय, जिनकी कई पुस्तकों का 155 से भी अधिक भाषाओं में अनुवाद हो चुका है, का नया कहानी संग्रह-'' रॉकी अहमद सिंह '' अपने अन्दर जीवन में सकारात्मकता की पक्षधरता करती हुई 12 कहानियों को समाहित किए हुए है।

संग्रह की पहली कहानी 'उसकी रोटी' है जो यह सिद्ध करने में पूर्ण सफल हुई है कि संसार की सारी धन-संपदा भी भूख के आगे तुच्छ है।

अपने माता-पिता से बिछुड़ गया बालक भूख से ब्याकुल अवस्था में एक ठेकेदार के हाथों पड़कर क्षुधा तृप्ति के आश्वासन के बाद बारात में अप्पू हाथी का चोगा पहनकर मनोरंजन करता है किन्तु भूख की व्याकुलता बार-बार उसे अपने

साथियों से यह पूछने पर विवश करती है कि उसे रोटी कब मिलेगी।

*काफी लोग खाना खाने जा चुके थे, बचे-खुचे आधा घंटे में निबट जायेंगे। उसने हिसाब लगाया। उसके बाद वह दुनिया की सबसे बड़ी आवश्यकता की पूर्ति कर सकता है।.........इधर-उधर देखते हुए वह एक बार फिर खाने के पांडाल की ओर बढ़ने लगा। वहाँअभी भी उतना खाना बचा था कि वह सालभर खाए तब भी खत्म न हो किन्तु उसे तो सिर्फ दो रोटियां ही चाहिए थीं।(पृष्ठ-17)*

किन्तु क्या उसे दो रोटी मिलीं? कहानीकार ने बड़ी ही मार्मिकता से कहानी का अंत किया है।

संग्रह की दूसरी कहानी, गुनाह, जाति-धर्म से परे देश-भक्ति को सर्वोपरि सिद्ध करती हुई कहानी है।

रजिया और रजनी, दो शरीर एक जान, जिस बस से लौट रही थीं आतंकवादियों ने उस बस के यात्रियों को धर्म और जाति के आधार पर गोलियों से भून दिया। रजनी को भी उसकी अस्मत लूटने के बाद मारकर फैंक दिया तो रजिया ने आतंकवादियों के कमाण्डर के कंधे पर नाखूनों से घाव कर दिया।

रजिया का निकाह जिस व्यक्ति से हुआ, वह आतंकियों का वही कमाण्डर निकला जिसने रजनी की इज्जत लूटी और खून किया और बस के निर्दोष यात्रियों को भून डाला था। रजिया का खून खौल उठा। उसने सुहागरात को अपने शौहर के सो जाने पर उसके लैपटाप को खोला और उसकी अनेक आतंकवादी गतिविधियों व योजनाओं के बारे में जान लिया। रजिया ने बिना देर किए इसकी सूचना ईमेल से तुरन्त पुलिस अधिकारियों तथा गृह मंत्रालय, आर्मी हैड क्वाटर आदि को दे दी। कहानीकार ने जहाँ कहानी को धर्मनिरपेक्षता और **राष्ट्र**-भक्ति की भावना से ओत-प्रोत बनाया है वहीं होटल की बारहवीं मंजिल से गिरने के बावजूद रजिया का जीवित बच जाना दिखाकर अतिशयोक्तिपूर्ण तथ्य प्रस्तुत किया है।

रॉकी अहमद सिंह, संग्रह की तीसरी कहानी है। कहानी का नायक रॉकी अहमद सिंह एक वैश्या-पुत्र है। उसका यह नाम रॉकी अहमद सिंह कैसे पड़ा, कहानीकार ने विस्तृत रूप से बताया है किन्तु कहानी की जो मूल आत्मा है वह देश-भक्ति की भावना को सर्वोपरि सिद्ध करना ही है।

संग्रह की चौथी कहानी-'क्रान्ति *शुरू* होती है,, छठवीं कहानी-कर्ज, सातवीं-*प्रतिशोध*, दसवीं कहानी-ह्वाइट मेलिंग, ग्यारहवीं-मंजिल के करीब और बारहवीं कहानी- सूरज की पहली किरण ऐसी कहानियाँ हैं जिनका स्वर कई क्षेत्रों में पुरुष वर्ग द्वारा नारी के शोषण को, नारी के सत्यम्, शिवम् सुन्दरम् रूप सहित सशक्तीकरण को और नारी सुचिता की पक्षधरता करता नजर आता है।

विगत काल में नारी और दलितों पर हुए अत्याचारों की पराकाष्ठा और इसके अन्त हेतु बिगुल बजाती, क्रान्ति का शंखनाद करती कहानी-'क्रान्ति शुरू होती है' की नायिका, गांव के गरीब सोहन की थोड़ी पढ़ी-लिखी रूपवती पत्नी दुलारी पर ठाकुर साहब का दिल फिदा हुआ तो उन्होंने दुलारी को हथियाने के लिए अनेक अत्याचार कर डाले।

"जिस गांव की गलियों में वह घूंघट काढ़कर चलने में भी शर्माती थी उन्हीं गलियों मे आज वह निर्वस्त्र दौड़ी चली जा रही थी। कोई देख लेगा इसकी चिंता करने की उसे फुर्सत नहीं थी। (पृष्ठ-51)

राजनीतिज्ञ वोट प्राप्त करने के लिए भले ही जाति-पाति की दुहाई देते हों किन्तु शोषण करने के मामले में सबकी एक जाति हो जाती है। अपनी जाति के विधायक से दुलारी ने सहायता की कामना की तो उसने भी दुलारी का उपभोग ही किया।

"दुलारी बार-बार अपनी जाति की दुहाई देती रही। मूर्ख को मालुम न था कि जाति सिर्फ दो ही होती हैं। एक शोषक की, दूसरी शोषित की।.......ठाकुरों के जुल्म तो अनादि काल से सामाजिक विडंबना और कमोवेश स्वीकार्य सत्य थे। उसका आक्रोश तो अपनों के ठाकुरों में परिवर्तित होने की प्रक्रिया के प्रति ज्यादा था।(पृष्ठ-53, 54)

आखिरकार क्षुब्ध दुलारी, नारी जाग्रति का बिगुल बजाने में सफल हो ही गई-

"छोटी ठकुराइन ऑखें फाड़-फाड़कर अपनी भोली-भाली सास को देख रही थी। क्रान्ति शुरू हो चुकी थी। उसे अब कोई रोक नहीं सकता था।(पृष्ठ-60)

संग्रह की पांचवीं और छठी कहानी-'तुम नीहारिका नहीं हो' प्रेम सम्बन्धों में शुचिता को महत्व देती कहानी है तो 'कर्ज' कहानी प्रेम सम्बन्धों में शुचिता के साथ-साथ सामर्थ्यवान होने पर ही दुर्बल की सहायता कर पाना सम्भव है को पुष्ट करती है-

"लेकिन जरा सोचो, इतने वर्षों में तुमने क्या हासिल किया? इन आदिवासियों की नेता तो तुम बन गईं लेकिन क्या इनकी जिंदगी बदल पाई? ये आज भी वैसे ही भूखे और अधनंगे हैं जैसे बीस वर्ष पहले थे। (पृष्ठ-90)

डॉ.मीता द्वारा एक डॉक्टर होने के फर्ज को निभाते हुए, प्रतिशोध का अद्भुत और अकल्पनीय तरीका प्रस्तुत करती कहानी है-'प्रतिशोध'। मौका मिलने पर अपने साथ बुरा करने वाले से बदला लेने के मौके को सामान्यतः कोई भी नहीं चूकना चाहता किन्तु यह जानते हुए भी कि उसकी इज्जत लूटने वाला राणासिंह ही दुर्घटना में घायल मरणासन्न मरीज है तो डॉ.मीता ने उसका इलाज ही नहीं

किया अपितु उसके ग्रुप का ब्लड न मिलने पर अपना ब्लड तक दिया।

इंसानियत की पराकाष्ठा तक पहुँचे इस अकल्पनीय प्रतिशोध से राणासिंह भी अचम्बित रह गया।

*"कमजोर समझकर जिस नारी के चंद पलों को तुमने रौंदा था उसके रक्त के चंद कतरे अब हर पल तुम्हारे स्वाभिमान को रौंदते रहेंगे।(पृष्ठ-101)*

संग्रह की आठवीं कहानी-'आखिरी सलाम' देश पर शहीद होने वालों को श्रद्धा सुमन अर्पित करती कहानी है। कारगिल युद्ध में शहीद हुए मेजर भवानीसिंह का पांच वर्ष का पुत्र मोहित जब मिलट्री ड्रेस पहनकर अपने पिता को जयहिन्द बोला तो सभी भावुक हो उठे। देश-भक्ति की भावना से ओत-प्रोत इस कहानी का ताना-बाना कुछ इस कुशलता से बुना गया है कि सारा दृश्य चलचित्र की भांति प्रत्यक्ष हो उठता है।

संग्रह की नौवी कहानी-'बेड़ियाँ एक अलग प्रकार के कथानक पर बुनी गई कहानी है। इस कहानी का कथानक उन अनेक छद्मवेशधारी बाबाओं जिनके चंगुल में आमजन उलझे रहते हुए ठगे जाते हैं, को केन्द्र में रखकर बुना गया है।

विद्वान कहानीकार श्री संजीव जायसवाल जी ने इस कहानी में अद्भुत तरीके से बाबा की असलियत का खुलासा किया है। मछली पकड़ने के लिए जिस तरह कांटे में आटा लगाकर डाला जाता है, एक भक्त भी स्वामी जी को 1-1 लाख की गड्डियां भेंट करके बाबा के 20 करोड़ रुपये लेकर चंपत हो जाता है।

*"आपने अपने भक्तों की बेड़ियां तोड़ने का कार्य किया है और मैंने आपकी इन बेड़ियों को तोड़ने की छोटी सी चेष्टा की है। आप इसे 'धंधा अपना-अपना' भी कह सकते हैं।" (पृष्ठ-118)*

परोक्ष रूप से कहानी ईश्वर-भक्ति के नाम पर छद्म बाबाओं की अंधाधुंध कमाई, दूसरों के लिए दिए जाने वाले प्रवचनों पर खुद ही अमल न करने की असलियत और जनता को मूर्ख बनाने की प्रवृत्ति का भी खुलासा करती है ।

'ह्वाइट मेलिंग' संग्रह की दसवीं कहानी है जो अनेकानेक स्कूल-कॉलेजों में शिक्षकों को नियमित न करने तथा उन्हें पूरा वेतन न देकर उनके शोषण किए जाने का खुलासा तो करती ही है, सुन्दर नारी शिक्षिकाओं की नियुक्ति करने के रहस्य पर से भी परदा हटाती है-

*"इस स्कूल में कोई भी टीचर नियमित नहीं है। पूरी तनख्वाह भी उसी को मिलती है जो देशराज को खुश रखे। बाकियों से दस्तखत पूरे पैसों पर कराये जाते हैं लेकिन पैसे आधे ही दिए जाते हैं'। (पृष्ठ-122)*

किन्तु अति महत्वपूर्ण बात जिसका उद्बोधन कहानीकार ने इस कहानी के माध्यम से किया है वह यह कि आज नारी हर क्षेत्र के ऐसे शोषणों का विरोध करने में पूर्ण रूप से समर्थ है और यह इसलिए कि आज नारी हर क्षेत्र में शिक्षा ग्रहण कर रही है।

*"मेरा चेहरा देखने के बाद लगता है तूने मेरे बायोडाटा को ठीक से नहीं देखा वरना जरूर जान जाता कि मुझे जूडो-कराटे में ब्लैक-बैल्ट हासिल है। पृष्ठ-125)*

इसी प्रकार संग्रह की ग्यारहवीं कहानी-'मंजिल के करीब' फिल्म उद्योग में होने वाले नारी शोषण को तथा नारी सशक्तीकरण के महत्व को दर्शाती कहानी है।

*"आपने मुझे गलत समझा है। मैं कोई ऐसी-वैसी लड़की नहीं हूं जो सफलता पाने के लिए गंदे समझौते करूंगी।" (पृष्ठ-137)*

*"फिल्मी दुनिया की कीचड़ में नहाने आई हो और सती-सावित्री बनने का ढोंग कर रही हो?" (पृष्ठ-138)*

बावजूद इसके, फिल्म की हीरोइन, हीरो के दुर्व्यवहार का ऐसा उत्तर देती है कि भविष्य में पूरी जिन्दगी किसी नारी जाति की ओर कुदृष्टि डालने की हिम्मत भी वह न कर पायेगा।

संग्रह की बारहवीं कहानी-'सूरज की पहली किरण' ऐसे दो सहपाठियों अविनिका और अविनास की कहानी है जो विद्यार्थी जीवन में हर प्रतियोगिता में प्रथम आते रहे।

संयोगवश बीस वर्ष बाद उनकी मुलाकात समुद्रतट पर मुंबई में होती है और संयोगवश दोनों रुके हुए भी एक ही होटल की एक ही मंजिल पर। दोनों डिनर एकसाथ अविनिका के कमरे में करना तय करते हैं। बातचीत के दौरान पता चलता है कि जिस लोन के काम से वह पुणे से मुम्बई आई है उस बैंक का लोन सैंक्शन करना अविनास के हाथ में है।

डिनर के बाद अविनास मित्रता की सीमा के परे जाने का प्रयास करता है जिसे अविनिका सख्ती के साथ ठुकरा देती है-

*"नुकसान!"-अविनिका तड़प उठी,-"क्या कर लोगे तुम? ज्यादा से ज्यादा मेरा लोन सैंक्शन नहीं करोगे? मत करो लेकिन उसे स्वीकृत कराने के लिए मैं अपने तन का सौदा नहीं कर सकती।"..... अविनास की जो मूर्ति इतने वर्ष से उसके अन्तर्मन में सुरक्षित थी वह पूरी तरह खंडित हो चुकी थी।.......उसकी आँखों से आँसुओं की धार बह निकली।(पृष्ठ-150)*

अविनिका की पूरी रात दुश्चिंताओं में बीती थी इसलिए सुबह चार बजे ही दरवाजे पर दस्तक सुनकर और दरवाजे पर अपनी मम्मी और अविनास की मम्मी

को देखकर चौंक जाना स्वाभाविक था।

अविनास की मम्मी की बात सुनकर अविनिका के आश्चर्य का अंत होता है-

*''बेटा, तुम्हारी ईमानदारी देख अविनास अपना जीवन धन्य मान रहा है।उसने हम दोनों को फोन करके कहा कि मेरी तलाश पूरी हो चुकी है। सुबह सूरज की पहली किरण निकलने से पहले मेरे प्यार का दीपक अविनिका के प्यार की किरणों से प्रज्वलित हो जाना चाहिए। इसलिए मैं पूरी रात चलकर अपने बेटे के लिए तुम्हारा हाथ मांगने आई हूँ।(पृष्ठ-151)*

सभी कहानियों में शिल्प की कसावट और अद्भुत भाषा-शैली, कहानीकार की प्रबुद्धता और कहानी कौशल में प्रवीणता को प्रदर्शित करती है।

# 5

# गहन अनुभव और अनुभूतियों के फलस्वरूप रचित मार्मिक कहानियों का संग्रह : नगर ढिंढोरा

अनुवांशिक रूप से मिली लेखन प्रतिभा वाली श्रीमती वंदना जोशी का लेखन अपने पत्रकार/संपादक पिता की छत्रछाया में फला-फूला है। यद्यपि किसी को सायास लेखक नहीं बनाया जा सकता किन्तु यह भी सच है कि लेखन के गुण प्रत्येक व्यक्ति में विद्यमान होने हैं जिनका प्रस्फुटन और उन्नयन निर्भर करता है उस व्यक्ति की संवेदना और भावुकता पर।

हिन्दी साहित्य की कहानी और कविता विधाओं, में साधिकार लेखनी चलाने वाली, विदुषी, साहित्यकार श्रीमती वंदना जोशी का सद्यः प्रकाशित कहानी संग्रह ''नगर ढिंढोरा' को आद्योपान्त पढ़ा। मुबई के प्रलेक प्रकाशन से प्रकाशित 124 पृष्ठीय इस कहानी संग्रह में वंदना जोशी की 11 कहानियाँ समाहित की गई हैं।

आदि काल से ही नारी अपने घर-परिवार और पति की मौन अनुगामिनी बनकर रही है। उनके उचित -अनुचित दबावों तले दबी नारी का यह हास उसके

आत्मनिर्भर न होने के कारण हुआ। नारी के रूप में वर्तमान चमत्कारी परिवर्तन, इलास्टिक के अति खिंचाव के कारण इलास्टीसिटी के गुण का खो जाने जैसा ही है। कहानी संग्रह नगर ढिंढोरा की पहली कहानी- 'बदलता शब्दकोश' की पात्र उषा भी पति के दबावों तले दबी ऐसी ही नारी है जो अपनी इलास्टीसिटी खो चुकी है तभी तो एक दुर्घटना में अपने पति सुहास की मृत्यु के बाद वह मुक्ति का अहसास करती है-

''उषा माँ की गोद में सिर रखकर बस शून्य में निहारे जा रही थी। वह सन्न थी। अपने बारे में और बच्चों के भविष्य के बारे में सोचते हुए। लेकिन कहीं ज्यादा सन्नाटे में अपने भीतर उतर कर देखते हुए थी- यह कौन है जिसके भीतर मुक्ति का, राहत भरा एहसास है?' आज बहुत सारे शब्दों ने एक साथ अपना मानी, अपना प्रभाव खो दिया था जैसे बारिश, लैंप पोस्ट, ठुमरी, चुंबन या फिर....निकल जाओ मेरे घर से...लीव! जस्ट लीव!'' (पृष्ठ-24)

वर्तमान आपाधापी के युग में अपने बुजुर्ग माता-पिता का सम्मान भी अब दिखावे की चीज बन गया है। उनके मान-सम्मान से अधिक उस मान-सम्मान के दिखावे का ढिंढोरा पीटना अधिक महत्वपूर्ण हो गया है। कहानी संग्रह की दूसरी और शीर्षक कहानी-'नगर ढिंढोरा' का छोटा भाई अपने 80 वर्षीय पिता के जन्मदिन पर बुजुर्ग पिता की बढ़ती उम्र की तकलीफों को नकारते हुए उन्हें रात के 12 बजे सोते से जगाकर भाई द्वारा दिए कुरते को उतार कर उसके द्वारा दिए कुरते को पहनकर केक काटने के लिए बाध्य करता है-

'अभी केक नहीं काटा तो क्या मैसेज जायेगा, बताइये तो?कि हम आपका ख्याल नहीं रखते।'(पृष्ठ-26)
पिता के सम्मान से अधिक इस बात का भी ख्याल महत्वपूर्ण है कि केक का डेकोरेशन भी खराब न हो जाय-
'पापा क्या कर रहे हो यार! बीचो-बीच काट रहे हो, सारा डेकोरेशन खराब हो जायेगा, कोने से काटो, थोड़ा सा।' (पृष्ठ27)
    और फिर उस केक काटने के चित्रों को फेसबुक के पटल पर डालकर लाइक को बटोरने की तैयारी। लेखिका वंदना जोशी जी ने कहानी के माध्यम से बुजुर्गों की अन्तर्व्यथा और नई पीढ़ी के दिखावे को बहुत ही सूक्ष्मता से वर्णन किया है। कहानी संग्रह की 23 पृष्ठीय तीसरी कहानी का नाम है -'अर्जियाँ' जिसमें लेखिका

ने मंदिरों में लगाई जाने वाली अर्जियों को केन्द्र में रखकर घर-परिवार, नई पीढ़ी की आदतों, समस्याओं, अपेक्षाओं और तकनीकी के माध्यमों आदि को समाहित करते हुए पूर्ण विस्तार प्रदान किया है।

'रिक्त स्थानों की पूर्ति' नाम है संग्रह की चौथी कहानी का। नारी को घर की लक्ष्मी और पुरुष की अद्धांगिनी कहा गया है क्योंकि एक माँ ही होती है जो अपनी संतति को सही राह दिखाने और उनके स्वस्थ जीवन की राह सरल-सहज बनाने के लिए अपने जीवन को होम कर देती है। ईंटों की दीवारों को घर में बदलने वाली भी पत्नी ही होती है किन्तु जब उसके इन महत्वपूर्ण कार्यों को नकारा जाता है तो उसका मन आहत तो होता ही है-

'झाड़ू और बरतन सिर्फ यही दो काम तो नहीं होते ना घर में, फिर भी मेरे घर के रख रखाव का श्रेय मेरी बाई ले जाती है। बच्चों के चमचमाते रिपोर्ट कार्ड, माउस को राइट क्लिक करके तो नहीं आते, स्वस्थ और प्रसन्न बच्चे सुस्वादु और पौष्टिक भोजन से बनते है। और स्वाद एवं पौष्टिकता का मेल करना आसान नहीं होता, इन सबके बाद भी मुझे ''कुछ'' करने की सलाह दी जाती है।'(पृष्ठ-53)

किन्तु समय के परिवर्तन के साथ साथ कुछ धनाढ्य महिलाओं को यह सब बेमानी लगता है। बड़ी-बड़ी समाजसेवी संस्थाओं के नाम पर वे घर की अपनी जिम्मेदारियों को ठेंगा दिखाकर और ढकोसलों को अपनाकर, अखबारों में अपने फोटो छपवाकर गौरवान्वित महसूस करती हैं। उन्हीं को आइना दिखाती कहानी है-'रिक्त स्थानों की पूर्ति' बुजुर्गों का कहना है कि रिश्ता और मित्रता बराबर वालों के साथ ही ठीक रहते हैं अन्यथा कभी न कभी ऐसा अवसर आ ही जाता है जब हीनभावना का शिकार होना पड़ता है।

अकूत धन की मालकिन सुमन के साथ मध्यम परिवार की रेणु की मित्रता हो तो गई किन्तु अन्ततः वही हुआ जो अक्सर होता है। दीपावली के त्यौहार पर रेणु अपनी सहेली सुमन से मिलने के लिए उसकी हवेली पर गई तो अपनी हैसियत से अधिक मंहगी एक किलो मिठाई लेकर गई किन्तु सुमन ने रेणु की हैसियत के अनुरूप उस मिठाई को सस्ती जानकर चुपके से अपने ड्रइवर को दीपावली गिफ्ट के रूप में दे दी।

'दरवाजे के बाहर अपना नाम सुनकर रेणु ठिठक गई।यह दे दो, यह रेणु लाई है।-सुमन पति से कह रही थी। रेणु मोतीचूर या बेसन के लड्डू ही लाई होगी, ये दे दो।चोट जब जोर की लगे तो दर्द एकाएक नहीं होता। कुछ समय तक जख्म भी सुन्न रहता है। रेणु धीरे से बिना किसी की नजर में आये वहाँसे हट जाना चाहती थी।
जो असहजता सालों साल रेणु से आँख मिचौली खेलती रही वह धप्प से मुंह बाए खड़ी हो गई निर्वस्त्र और भद्दी।'(पृष्ठ-64)

रेणु ने भी सुमन द्वारा दिए ड्राई फ्रूट्स के डिब्बे को रेड सिग्नल पर रुकी कार के पास आये दो भिखारी बच्चों को देकर अपने अन्तर्द्वन्द्व से मुक्ति पा ली हो जैसे।

'आँचल की ओट से' संग्रह की छठवीं कहानी है जिसमें माँ का ममत्व, बच्चे के कोमल हृदय पर बड़ों के व्यवहार का असर और अघोषित प्रेम सम्बन्ध, सौतिया डाह का दंश अनेक तथ्य हैं जिन्हें लेखिका ने बड़ी ही कुशलता के साथ इस कहानी में बुना है-
'पति का झुकाव और लगाव भाँप जाने का गुण हर महिला में नैसर्गिक होता है। अतः भीरू जया भी ताई जी का कद अपने घर में खूब पहचानती थी।' '(पृष्ठ-69)

जीवन भी एक विचित्र पहेली है। कौन गलत और कौन सही, पहचानना इतना आसान नहीं होता। नेहा वी.पी.ओ. की नौकरी में सायं 7 बजे से रात 2 बजे तक ड्यूटी करती। दफ्तर के सामने के दुकानदार की शक्ल सूरत से ही वह बहुत चिढ़ती। एक रात दफ्तर से घर के लिए ले जाने वाला कैब ड्राइवर नहीं आया तो नेहा के सहकर्मी अजय, जिस पर नेहा को अटूट विश्वास था ने नेहा को अपनी कार से ड्रॉप करने का पुरजोर प्रयास किया तो उस दुकानदार ने डंडे से अजय को पीट-पीटकर भगा दिया। दुकानदार ने अजय के बारे में जो बताया तो नेहा आश्चर्य चकित रह गई-यह अजय कोई अच्छा आदमी नहीं है। दोस्तों के बीच आपके बारे में गलत बातें बोलता है। आपके कैब वाले को भी अजय ने ही पैसे देकर भगाया है। यह आपको अपनी कार में ले जाने की फिराक में था।' (पृष्ठ-80)

पापा के साथ घर लौटते हुए नेहा सोच रही थी-'मैं अपने सुन्न पड़े दिमाग को एक नया दृष्टिकोण देने का प्रयास कर रही थी। अपनी जिन्दगी में खतरा भांपने के सूत्र

बदलने थे मुझे और सही-गलत नजर पहचानने वाला चश्मा भी लेना था। पृष्ठ-80 उच्च शिक्षित और नौकरीपेशा लड़कियों के दाम्पत्य जीवन के बारे में बदलते विचारों का लम्बा फलसफा प्रस्तुत करती कहानी है 'जो मैं जानती'। पुरुष और प्रकृति दोनों के मिलन से ही जीवन की सार्थकता के रहस्य को आखिर स्वीकारना ही होता है। पारुल भी विवाह न करने की अपनी जिद के कारण जब अवसर खो देती है तब उसे अपनी भूल का अहसास होता है-

'घर पहुँचकर उसने देखा, माँ मामा जी को शिल्पी की शादी पक्की होने की बधाई दे रही हैं। फोन पर बोलते हुए उनकी आँख् की उदासी उससे छुप न सकी।
तकिया में सिर टिकाते ही पारुल की आँखों से दो आँसू बरबस ही लुढ़क गये।(पृष्ठ-100)
खग की भाषा एक बाल मनोविज्ञान पर आधारित कहानी है जिसमें अमीरों के अहंवादिता और वर्तमान परिवेश की गंध का समावेश सहज ही पता चलता है।

अन्नोन नम्बर नारी ईर्ष्या, दूसरों को उपहास का केन्द्र बनाना बहुत आसान लगता है किन्तु जब स्वयं उस परिस्थिति में आ जाये तो कैसा लगता है यही इस कहानी का मूल तत्व है। जिया दूसरों का उपहास उड़ाने और पति-पत्नी के बीच संदेह का बीज बोकर उनमें झगड़ा कराके तमाशा देखने में बहुत आनन्द लेती लेकिन जब स्वयं के दाम्पत्य पर आंच आई तो ...

'देखो जिया मुझे गलत मत समझना, मैं जानती हूँ कैसा लगता है जब घर टूटते हैं। कोई भी दूसरे के पचड़ों में नहीं पड़ता इसलिए तुम तक कभी बात नहीं पहुँची। जिया के दिमाग में भूचाल आया हुआ था।....पृष्ठ-119

'परिचय' कहानी इस संग्रह की अंतिम और बहुत ही मार्मिक कहानी है। शालू जो कभी अपने बनाव-श्रृंगार पर ध्यान ही नहीं देती थी, रमा भाभी के यहाँ आये मेहमान को देखकर अपने बनाव-श्रृंगार की ओर ध्यान देने लगी। उसे लगता कि छत पर रैलिंग से सटकर पढ़ने वाला वह लड़का उसे ही घुर रहा है और वह उसके लिए अपने को संवारने लगी। लेकिन जब रमा भाभी से उसे ज्ञात हुआ कि अमित उसके भाई का लड़का है और देख नहीं सकता तो उसे झटका लगा-

'अचानक सारी आवाजें किसी खोह से आती हुई सी लगीं, मेरी आँखों से टप टप

आँसू गिर रहे थे। आभास होते ही शालू घर की ओर दौड़ पड़ी। रमा भाभी अवाक् मुझे जाती हुई देख रही थीं। सोच रही होंगी कितनी बदल गई है शालू। दूसरों का दर्द भी समझने लगी है।

लेकिन क्या यह दर्द पराया था?

जिसकी नजरों से मैंने खुद को देखा, उसने तो मुझे कभी देखा ही नहीं। पृष्ठ-123

कुल मिलाकर वंदना जोशी जी का कहानी संग्रह-' नगर ढिंढोरा'' सामाजिक बिसंगतियों, विकृतियों और वृद्धों की पारिवारिक उपेक्षाओं, बाल मनोविज्ञान और युवामन की उद्वेलित करती भावनाओं के प्रवाह आदि बहुत से जनमानस को झकझोरने वाले बिषयों को लेकर रची गई मार्मिक कहानियों का संग्रह है जो सिद्ध करता है कि सुश्री वंदना जोशी में उत्कृष्ट कहानीकार के सभी गुण विद्यमान हैं।

प्रत्येक कहानी की शैली बहुत ही आकर्षक एवं कसावपूर्ण है। कहानियों की प्रवाहमयता ऐसी है कि पढ़ने वाला निरन्तर उत्सुकता के साथ पुस्तक को पढ़ता जाता है। कुछ कहानियाँ पूर्ण विस्तार के साथ लिखी गई हैं किन्तु बड़ी होने के बावजूद कहीं भी शिथिलता या उबाऊपन नजर नहीं आता।

पूरी पुस्तक में अगर कुछ निराशाजनक है तो वह यह कि 124 पृष्ठीय पेपर बैक संस्करण में कुछ कहानियों में मुद्रण की अत्यधिक त्रुटियाँ प्रकाशक की प्रकाशन के प्रति लापरवाही को सिद्ध करती नजर आती हैं।

# 6

# वर्तमान युगीन सरोकारों की कहानियों का संग्रह - ' प्यार के रिश्ते'

साहित्य को समाज का दर्पण कहा गया है। हिन्दी साहित्य के व्यापक फलक पर लेखन की भाव-भूमि और शैली-शिल्प में कुछ दशकों से तीव्रता से परिवर्तन हुआ है। आज का साहित्यकार युगीन सामाजिक सरोकारों को प्रतिबिम्बित करने के साथ-साथ विसंगतियों एवं परिप्रेक्ष्य सामने लाने तथा उनके समाधान की खोज की प्रगतिशीलता को प्रमुखता देता दिखाई देता है। आज हिन्दी साहित्य जगत की कहानी विधा अपनी लोकप्रियता के चरम पर दिखाई देती है। अनेक कहानीकार अपनी कहानियों में नये-नये प्रयोग करते दिखाई दे रहे हैं। पत्र- पत्रिकाएँ ही नहीं आज फेसबुक, ब्लॉग, - वाट्सअप आदि सोशल मीडिया के मंचों पर भी कहानी विधा का वर्चस्व स्थापित हो चुका है। इस भीड़ में अपनी अलग पहचान बनाने को आतुर दिखने वाले कहानीकारों में आचार्य नीरज शास्त्री का नाम भी उल्लेखनीय है ।

आचार्य नीरज शास्त्री दीर्घावधि से हिन्दी साहित्य की काव्य विधा में रचना प्रक्रिया से जुड़े रहकर कवि साथियों के बीच अपना प्रमुख स्थान बनाने में सफल रहे हैं। कुछ वर्षों से, काव्य के साथ-साथ गद्य हिन्दी साहित्य की विविध विधाओं- कहानी, लघुकथा, समालोचना, व्यंग्य आदि और उनमें भी विशेषतः कहानी विधा की ओर उनका झुकाव और उत्कृष्ट कहानियों का सृजन उनकी बहुमुखी प्रतिभा

को प्रदर्शित करता है। 'प्यार के रिश्ते' उनका दूसरा कहानी संग्रह है। इससे पूर्व उनका 'रिश्तों का मान' कहानी संग्रह हिन्दी साहित्य जगत में खूब चर्चित रहा है।

इस कहानी संग्रह में आचार्य नीरज शास्त्री की बारह कहानियाँ संग्रहीत हैं। अधिकांश कहानियाँ जीवन के यथार्थ की भूमि से जुड़ी हुई हैं। इनकी, इन कहानियों में वर्तमान युगीन पारिवारिक समस्याओं व स्त्री-पुरुष सम्बन्धों का आधुनिक बोध और सामाजिक परिदृश्यों को प्रमुखता से उभारा गया है। आनर किलिंग के नाम पर किए जाने वाले अमानवीय जुल्म तथा माता-पिता द्वारा पुत्री को कूड़े की तरह घर से बाहर करना या दहेज के भय से छोड़ देना जैसे जघन्य विषयों पर भी लेखक ने अपनी बेबाक लेखनी चलाई है।

बेटियों के प्रति जिम्मेदारी से पल्ला झाड़ने की कोशिश को रेखांकित करती है कहानी 'तपस्या'। इस कहानी में कहानीकार ने अपनी ही पुत्री की पीड़ा न समझने वालों के साथ- साथ रिश्तों को निभाने के लिए अग्निपरीक्षा के दौर से गुजर कर सफलता के शीर्ष पर पहुंचने वाली लड़कियों के उत्साह को भी शब्दांकित किया है।

'ग़लत निर्णय' कहानी लेखक की वह कहानी है जो पति-पत्नि दोनों को एक रूप होकर एक दूसरे के स्वाभिमान की रक्षा की प्रेरणा देती है,साथ ही कोई भी निर्णय लेने से पहले चिंतन- मनन की भी प्रेरणा देती है।

समय परिवर्तनशील है और समय के बदलाव के साथ-साथ बहुत कुछ बदल जाता है। वर्तमान युगीन जैनरेशन गैप और उससे उत्पन्न विसंगतियों की ओर इंगित करती कहानी है- 'श्राप'। यह एक भावात्मक कहानी है।इस कहानी में पढ़े- लिखे बच्चों द्वारा माता- पिता की अवहेलना और उनको अपमानित करना तथा इस कुकृत्य के परिणामस्वरूप दुरावस्था को झेलना दिखाया गया है। शिल्पगत कसावट में भी शास्त्री जी ने इस कहानी में विशेष सतर्कता बरती है।

'भाग्य विधाता' शास्त्री जी की सर्वश्रेष्ठ और मन को छू लेने वाली कहानियों में से एक है। इस कहानी में कथाकार ने कहानी कला के सभी तत्वों का विशिष्ट प्रयोग कर अन्य कहानियों की ही तरह सुखान्त करते हुए मानवीय रिश्तों के प्रति आस्था एवं विश्वासपूर्ण सम्बन्धं के प्रति निष्ठा रखने का संदेश दिया है।

वर्तमान युग में दाम्पत्य जीवन के समीकरण बदलते जा रहे हैं। जहां नारी सशक्तीकरण और बराबरी के नाम पर नारी के विचारों में क्रान्तिकारी बदलाव दिखाई देते हैं वहीं माता-पिता द्वारा एक खूंटे पर बाँध दिए जाने वाली गाय की तरह वह शोषण झेलने को मजबूर है।एक स्त्री के द्वारा ही दूसरी स्त्री के शोषण व उच्छृंखलता की सीमाऐं पार करना भी देखा जा रहा है।ऐसी स्थिति में मानवीय रिश्ते का निर्वाह कितना कठिन होता है।यह द्रश्य 'मुस्कान' कहानी को अत्यंत

महत्वपूर्ण बना देता है।

केवल अपने पति के ही साथ रहने की ललक में स्त्रियाँ कई बार अपने परिवार के श्रेष्ठतम और पवित्रतम चरित्र वाले व्यक्तियों पर भी आरोप लगाने से नहीं चूकतीं क्योंकि उन्हें केवल अपना स्वार्थ दिखाई देता है परन्तु समय के थपेड़े उन्हें यह समझा ही देते हैं कि अपने बड़े ही सदा सुरक्षा की छाँव दे सकते हैं। ऐसी ही परिस्थितियों का चित्रण है कहानी 'गलती का अहसास'।

त्याग की पराकाष्ठा की कहानियाँ 'पन्ना धाय' के समय से ही प्रच लित रही हैं। कहानी 'यशोदा' की नायिका भी अपनी मौसी की पुत्री के मरणोपरान्त उसके बच्चों के लालन-पालन हेतु अपने बहनोई से विवाह का प्रस्ताव करती है व जीवन भर स्वयं की संतान न उत्पन्न करने का फैसला लेकर दोनों बच्चों का पालन-पोषण करती है।

'दीपावली का महापर्व' कहानी इस भ्रष्टाचार के युग में ईमानदार रहते हुए कर्तव्यशील बने रहने की प्रेरणा देती है तथा भ्रष्टाचार में लिप्त लोगों के विनाश का चित्र प्रस्तुत करती है।

कोरोनाकाल में उत्पन्न हुए बेरोजगारी के संकट और उसके समाधान की प्रेरणा देती हैं कहानियां' लच्छू' और ' आत्मनिर्भर'।

'तपस्या' कहानी कई समस्याओं पर एक साथ चोट करती है जैसे माता-पिता द्वारा पुत्रियों का त्याग, शहर जाने वाले का गाँव से मोहभंग होना, लड़कियों की परवरिश में समाज का असहयोग तथा साधू-सन्तों के द्वारा आश्रमों के नाम पर नारी देह की तस्करी एवं नारी देह के प्रति साधू-सन्तों की लिप्सा आदि को चित्रित करने वाली यह कहानी अपने गठन एवं शिल्प के आधार पर भी विशेष है।

इस प्रकार स्त्री-पुरुष सम्बन्धों की विकलता, गृहस्थ जीवन की विसंग तियाँ, नारी स्वातंत्र्य के दुष्परिणाम, जैनरेशन गैप और उससे जनित समस्याएँ तथा बैमनष्यता जैसी समस्याओं जैसे वर्तमान युगीन सरोकारों को आचार्य नीरजशास्त्री ने अपनी कहानियों में पिरोया है। कहानियों की भाषा सहज-सरल एवं पात्रानुकूल है। शैली चित्रात्मक एवं भाव प्रधान है।

# 7

# यथार्थ के खुरदरे धरातल की साक्षी उत्कृष्ट कहानियों का संग्रह : संकरी गली

हिन्दी साहित्य की विविध विधाओं में दो दर्जन के लगभग कृतियों के सृजनकर्त्ता, उत्तर प्रदेश हिन्दी संस्थान के साहित्य भूषण सम्मान से सम्मानित प्रबुद्ध साहित्यकार डॉ. गोपाल कृष्ण शर्मा 'मृदुल' का कहानी संग्रह- ''संकरी गली'' पढ़ने का अवसर मिला। संग्रह के 176 पृष्ठों में पूर्ण विस्तार वाली बीस कहानियाँ समाहित की गई हैं।

संग्रह की पहली कहानी 'रक्षा कबच' है जो यह सिद्ध करने में पूर्ण सफल हुई है कि बुजुर्ग, घर-परिवार की मान-मर्यादा और आपसी प्रेम-स्नेह तथा रिश्तों का मान आदि किस खूबी से सहेजते रहते हैं। घर को घर बनाये रखने में उनकी अहं भूमिका होती है।

संग्रह की दूसरी, तीसरी और सातवीं, ग्यारहवीं तथा बारहवीं कहानियों के मूल स्वर वृद्धजनों की अवहेलना की ओर इशारा कर रहे हैं। दूसरी कहानी-'एक रक्त रंजित शाम' एक ऐसे पिता की पीड़ा को अभिव्यक्त करती है जिसके जीवित रहते ही उसकी सन्तान सम्पत्ति पर अपना अधिकार जताने लगती है। सच तो यह भी है कि सन्तान चाहे कुछ भी समझें पर हर पिता अपनी सभी सन्तानों को समान प्रेम करते हुए उन्हें आपस में प्रेम भाव से रहते हुए देखना चाहता है।

"दोनों भाई मिल-जुलकर रहो, यही मेरी अन्तिम इच्छा है। पुराने खेत में आम का बाग लगाना और हर साल अपने भतीजों को आम जरूर पहुँचाना । (पृष्ठ-23)

तीसरी कहानी -'मृत्युभोज' भी गाँव में अकेले रह रहे तीन पुत्रों के पिता, की है। बल्कि कहना उपयुक्त होगा कि उन सभी पुत्रों की है जो माता-पिता द्वारा पालन-पोषण और पढ़ा-लिखा दिए जाने के बाद अपने माता-पिता को रामभरोसे अकेले छोड़कर विदेशों में या शहरों में जा बसते हैं और माता-पिता की मृत्यु के बाद अपने हिस्सा-बांट के लिए अपनत्व जताते हैं।

संग्रह की सातवीं कहानी-'मायाजाल' भी इसी भावभूमि की कहानी है। मनुष्य लोभ और मोहमाया में फंसकर अपने माता-पिता की अवहेलना करने लगता है तो निश्चित ही उसका प्रतिफल उसके जीवन में उसे भोगना पड़ता है। कहानी के नायक राधे मोहन ने अपने पिता की अवहेलना करते हुए गरीब और असहायों को सताकर धन इकट्ठा किया। उस धन से पुत्र का पालन-पोषण और शिक्षा पूर्ण कराई।

शिक्षा पूर्ण करते ही पुत्र ने अमेरिका में ही बसने का निर्णय सुनाया तो राधे मोहन को झटका लगा-

*"अमेरिका की स्थाई नागरिकता प्राप्त करने हेतु उसने एक अमेरिकन लड़की से विवाह कर लिया है। उस लड़की ने विवाह पूर्व यह शर्त रखी थी कि मैं अब कभी वापस भारत नहीं जाऊंगा और न ही भारत से कोई मेरा रिश्तेदार अमेरिका आकर हमारे घर में रुकेगा। इसलिए मैं भारत आने में असमर्थ हूँ*(पृष्ठ-70)

जब राधेमोहन के कर्म का फल लौटकर वापस आया तो उसे अपने पिता के साथ किए व्यवहार का अहसास हुआ।

" आज उन्हें अपने द्वारा बापू के साथ किया गया व्यवहार भी अनुचित लग रहा था और मन के किसी कोंने से यह विचार भी सुगबुगा रहा था कि जैसा तूने अपने पिता के साथ किया उससे चार गुना ईश्वर बेटे के माध्यम से तुझे वापस कर रहा है। (पृष्ठ-70)

'संकरी गली' संग्रह की चौथी और शीर्षक कहानी है। संकरी गली के बहाने विद्वान कहानीकार ने अपने ही देश के अन्दर जाति-धर्म और मंदिर-मस्जिद के नाम पर लड़ने वालों की संकरी सोच को पूर्णतः उजागर कर दिया है।

अपने प्रथम पुत्र के जन्म पर गाँव आये समर को जब अपने सारथी सैनिक आलम के माता-पिता की अस्वस्थता के बारे में ज्ञात हुआ तो उसने उन्हें अस्पताल में भर्ती कराया। ड्यूटी पर वापस जाने से पहले समर ने आलम के माता-पिता के स्वास्थ्य के बारे में जानने के लिए आलम के गाँव जाने का कार्यक्रम बनाया।

आलम की माता जी द्वारा चाय के लिए पूछे जाने पर समर के उत्तर द्वारा कहानीकार ने भारतीय सेना के वास्तविक स्वरूप को कहलवा दिया है-

"अब्बू, हम सैनिकों की तो एक ही जाति होती है-हिन्दुस्तानी। और एक ही धर्म होता है- दुष्मन को देश की सीमाओं से दूर रखना। यही बात ट्रनिंग के दौरान हमारे दिलों में बैठा दी जाती है। हमारी सेना में न कोई हिन्दू है और न मुसलमान। सब हिन्दुस्तानी हैं, सिर्फ और सिर्फ हिन्दुस्तानी और हर सैनिक हमारा भाई है जिसके कंधे से कंधा मिलाकर हमें अपने देश की रक्षा करनी है। (पृष्ठ-37)

इतना ही नहीं विद्वान कहानीकार ने सोशल मीडिया के दुष्प्रभाव की ओर भी इस कहानी में इशारा किया है। फेसबुक पर हिन्दू-मुस्लिम युवकों के बीच हुई झड़प ने आतंक का रूप धारण कर लिया और उस संकरी गली में जिसमें आलम के माता-पिता को देखने के लिए समर आया था, निकल न पाने के कारण गोली लगने के कारण समर की मृत्यु हो गई।

"आलम के अब्बू ने लाश देखी तो फूट-फूट कर रोने लगे। उन्होंने पुलिस कोतवाल को बताया कि मृतक भारतीय सेना का सैनिक समर बहादुर सिंह है। वह जम्मू- कश्मीर सीमा पर मेरे बेटे मोहम्मद आलम के साथ नियुक्त था तथा छुट्टी पर अपने गाँव मिसरौली आया हुआ था। दो दिन बाद उसकी वापसी थी और आज वह बेचारा हम लोगों से मिलने आया था। सकरी गली होने के कारण शायद यह बेचारा जुलूस में फंस गया और जुनूनी दरिंदों ने इसे मार डाला।

डनकी बात सुनकर जिलाधिकारी महोदय ने गहरी सांस लेकर कहा-' बड़े मियाँ! मुझे तो लगता है कि पूरा देश ही आज धर्म की सकरी गली में फंस गया है। ये मंदिर-मस्जिद के झगड़े हमें न जाने कहाँ लेकर जायेंगे। (पृष्ठ -39, 40)

संग्रह की पांचवी कहानी-'मोहनी सखी' निःस्वार्थ प्रेम और पारिवारिक दायित्वों के निर्वहन तथा सांसारिकता में फंसे मानव के संकीर्ण विचारधारा को सहज अभिव्यक्ति प्रदान करती मार्मिक कहानी है तो छठवीं कहानी-'पत्थर शहर' शहर की बेरुखी और गाँव की आत्मीयता को दर्षाती कहानी है।

संग्रह की आठवीं कहानी-'कारवां' सहज रूप से आगे बढ़ते हुए समाज का मार्ग दर्शन करने वाली एक उत्प्रेरक उत्कृष्ट कहानी है जो बताती है कि जब कोई निःस्वार्थभाव से अच्छे कार्य को अंजाम देने के लिए पग बढ़ाता है तो उसकी सहायता करने वाले स्वतः ही जुटने लगते हैं। राकेश द्वारा अनाथालय को प्रतिमाह एक निश्चिंत राशि देना तथा अनाथ और दिग्भ्रमित भटके हुए बच्चों को सुधारने व उनकी शिक्षा हेतु उपाय करने की ओर पग बढ़ाया तो अन्य लोगों ने भी सहयोग प्रारम्भ कर दिया।

'नेहनाते' संग्रह की नौंवी कहानी है। मनुष्य के जीवन में बहुत कुछ ऐसा घटित हो जाता है जिसके बारे में कभी सोचा भी नहीं होता। घर में कुत्ता पालने से एतराज करने वाले रामेन्द्र के दोनों पुत्रों ने चुपके से एक कुतिया पालकर उनसे मनुहार की तो वह मान गये। उनके पुत्र शटी-बंटी और कुतिया डेजी के बीच ऐसे मानवीय सम्बन्ध स्थापित हुए कि रामेन्द्र जी देखकर दंग रह गये।

"ड्राइंगरूम में बैठे रामेन्द्र बाबू अपने मित्र कौशल किशोर को साश्चर्य बता रहे थे-'यार पूरे दस दिन बिना भोजन के बंटी के इंतजार में वह जिंदा रही और उसके आते ही दस मिनट के अन्दर शरीर त्याग दिया। ऐसा नेहनाता तो मनुष्य के बीच भी नहीं मिलता। (पृष्ठ -87)

कभी जाति-पाति तो कभी प्रदेश तो कभी धर्म-सम्प्रदाय के बहाने खोजकर खून-खराबा करने वाले लोगों को किसी पर तरस नहीं आता। पूरे देश के कोने-कोने से अनेक लोग रोजी-रोटी के लिए मुम्बई की शरण लेते रहे हैं। ऐसे में प्रदेशवाद का सहारा लेकर दंगा करने वालों ने बहुत से प्रदेश के लोगों को बेघर करके उनकी रोटी छीन ली। इसी दर्द को उकेरती मार्मिक कहानी है बेघर तो संग्रह की चौदहवीं कहानी 'भीड़ का न्याय' भी यही सिद्ध करती है कि जाति-धर्म और सम्प्रदाय के नाम पर लड़ने वालों को केवल बहाना चाहिए। उन्हें प्रेम-भाव की यह बात बिल्कुल भी समझ में नहीं आती-

"हमारे मजहब भले अलग-अलग हैं, मगर हमारी कौम एक ही है। दुनिया की नजरों में हम हिन्दू-मुसलमान नहीं, हिन्दुस्तानी हैं।.....जब हम मिलके रहेंगे, तभी सुकून से रह सकेंगे। लड़ेंगे तो तबाह हो जायेंगे। (पृष्ठ -120)

'नागरिक अभिनन्दन' संग्रह की तेरहवीं कहानी है। इस कहानी में विद्वान कहानीकार ने कई बातों की ओर इशारा किया है। उनका मानना है कि -'ईश सहाय करे तबही जब आप सहाय करे नर अपनी' तथा ' मेहनत का फल हमेशा मीठा होता है' के साथ-साथ मेहनत, ईमानदारी, लगनशीलता की महत्ता को बहुत ही उत्तम तरीके से अभिव्यक्त किया गया है।

घर-घर वर्तन मांजने वाली की पुत्री गीता का जब आई.ए.एस. के लिए चयन हो गया तो उसने मंच से उन सबका उल्लेख करते हुए आभार व्यक्त किया जो किसी भी रूप में उसके सहायक बने।

"गीता ने माइक सम्भालते हुए कहा-'मैं आज जिस मुकाम पर पहुँची हूं यह केवल मेरे परिश्रम का फल नहीं है। कहानी के सभी पात्रों का चरित्र चित्रण बहुत ही मानवीय तरीके से डॉ. गोपाल कृष्ण शर्मा मृदुल जी ने किया है।

संग्रह की सभी कहानियों में शिल्प की कसावट और अद्भुत भाषा-शैली, कहानीकार की प्रबुद्धता और कहानी कौशल में प्रवीणता को प्रदर्शित करती है।

# 8

# जीवन के यथार्थ को बारीकी से उद्घाटित कहानियों का संग्रह-'सुधियों के अनुबन्ध'

सर्वतोमुखी प्रतिभा की धनी विदुषी साहित्यकार श्रीमती सविता मिश्रा 'अक्षजा' ने हिन्दी, राजनीतिशास्त्र और इतिहास में स्नातक, की उपाधि प्राप्त की है। आपने हिन्दी साहित्य की विविध विधाओं यथा-कहानी, व्यंग्य, कविता, आलेख और लघुकथा आदि में अपनी लेखनी चलाई है। इतना ही नहीं आप यूट्यूब पर भी सक्रिय रूप से जुड़कर अपनी व अन्य साहित्यकारों की चुनिन्दा रचनाओं का वाचन और प्रचार-प्रसार कर रही हैं।

उनका सद्यः प्रकाशित कहानी संग्रह-'सुधियों के अनुबन्ध' पढ़ने का सुअवसर प्राप्त हुआ। जिस में उनकी 14 कहानियाँ समाहित की गई हैं। विशेष बात यह है कि इन 14 कहानियों में बहुत सी ऐसी हैं जो विदुषी लेखिका ने अपनी कुछ लघुकथाओं को विस्तृत फलक प्रदान करके तैयार की हैं।

संग्रह की पहली कहानी का शीर्षक-'उसके जाने का दुःख' है। जो रिश्तों की दरकन और रूढ़िगत परम्पराओं तथा ढकोसलों का पुरजोर विरोध दर्ज करती कहानी है। अपने भतीजे के निधन पर जेठ-जिठानी ने देवरानी को 'घर में चूल्हा नहीं जलाते' का उपदेश देकर छोटे बच्चे के लिए मैगी तक नही बनाने दी पर स्वयं दुःख भुलाने के लिए जमुना किनारे जाने की कहकर चांट-पकोड़ी खाकर लौटे

जिसकी चुगली उनकी साड़ी पर लगी समोसे की चटनी कर रही थी।

इस पर विद्रोही बनी देवरानी ने चूल्हे पर मैगी चढ़ा दी जिसे देख देवर ने क्रोध किया-'' सुना नहीं क्या, भाभी ने क्या कहा?''

इस पर देवरानी ने विरोध प्रकट किया-'' सुना, मगर अपने बेटे और पति को भूख से व्याकुल होते नहीं देख सकती हूँ। तुम्हें बच्चे का रोना भले ही न दिखाई दे पर मेरा सीना छलनी हुआ जा रहा है।......यह कैसी परम्परा है जो सिर्फ घर के भावुक लोग ही निभाएँ? चालाक लोग चाट-पकोड़ा खाकर भी दुःखी होने की दुंदुभी बजायें।'' ( पृष्ठ-6)

संग्रह की दूसरी कहानी-'कुंहासा छँट गया' है । मनुष्य का स्वभाव है कि बिना पूरी जानकारी के ही दूसरों के बारे में अनुमान लगाने लगता है। पार्क में अपने 3 वर्ष के पुत्र के साथ गर्भवती युवती को अकेले घूमते देखकर संगीता ने भी अनुमान लगाया कि यह जरूर अति आधुनिक युवती है तभी तो इस हालात में भी इसके पति ने इसको अकेले यहाँ आने दिया। और फिर संगीता के मशिष्तष्क ने वर्तमान अति आधुनिक सोच के दुष्परिणामों की विवेचना प्रारम्भ कर दी-

'' आजकल तो बहुएँ ससुराल आते ही अलग घरोंदा बसा लेती हैं। ससुराल में पति का परिवार इन्हें फूटी आँख नहीं सुहाता। हो सकता है लड़ बैठी हो अपनी सास से। आज की लड़कियाँ सहना-सुनना कहाँ सीखी हैं।...''(पृष्ठ-10)

किन्तु जब वास्तविकता का पता चला तो कुँहासा छँट गया।''

संग्रह की तीसरी कहानी 'रेत का महल' है। विदुषी लेखिका ने कहानी को फ्लैशबैक में बुना है। वर्तमान युग में अधिकांश परिवारों में माता-पिता के सपनों के संसार को उजाड़कर पुत्र वधुएँ, उनके पुत्र को विवश कर देती हैं उनसे दूर जाने पर। कहानी रेत का महल इसी भावभूमि पर लिखी गई कहानी है जिसमें पत्नी निशा के अति आग्रह पर विवेक को भी विवाह के कुछ माह बाद ही अपने माता-पिता से दूर, विदेश जाना पड़ा था किन्तु अपनी पुत्री शुभी के साथ, समुद्र के किनारे रेत का महल बनाने पर विवेक अतीत में खो जाता है। निशा द्वारा अपनी भूल स्वीकारते हुए वापस भारत आने की कहलवाकर लेखिका ने अपने बुद्धिकौशल से कहानी को सुखान्त कर दिया है-

''मानती हूँ, गलती हुई है मुझसे, बहुत बड़ी गलती हुई है। सबसे होती है, मुझसे भी भरमवश हो गई। किन्तु समय रहते मैं अपनी गलतियों को सुधारना चाह रही हूँ न। मैं अपने उस घर को अब इस रेत के घर की तरह ढहने नहीं दूंगी। (पृष्ठ-18)

'मन का डर' संग्रह की अगली कहानी है। आदिकाल से ही किसी न किसी रूप में नारी ही नारी की शोषक रही है, ऐसा मेरा मानना है किन्तु विदुषी लेखिका ने

अपनी इस कहानी में इस मिथक को तोड़ा है। मनुष्य से भूलवश अगर कोई गलती हो जाय तो एक अनजाना भय उसे हर समय भयभीत करता रहता है। उमेश ने माँ की आज्ञा पालन के आगे प्रिया से विवाह कर तो लिया किन्तु अपनी प्रेमिका निधि जिसके साथ उसने मंदिर में विवाह भी कर लिया था के बारे में पोल खुल जाने का भय उसे बेचैन करता रहता विशेषकर तब जब निधि उसके पड़ोस में किरायेदार बनकर रहने लगी और प्रिया की सहेली बन गई किन्तु एक दिन अचानक ही निधि , उमेश को अकेले में मिली तो उसने स्पष्ट किया कि वह उमेश के हँसते-खेलते घर को बर्बाद नहीं करेगी तो सम्पूर्ण स्त्री जाति के प्रति उमेश के हृदय में सम्मान भर गया-

"उमेश का मन ग्लानि से भर गया। अपनी हैंकी निधि की ओर बढ़ाकर वह मरियल सी आवाज में बोला, कितना गलत था मैं औरतों के बारे में। सच है, औरतों को समझ पाना, मर्दों के बश की बात नहीं। समुद्र से ज्यादा गहरी होती हो तुम औरतें।" (पृष्ठ-25)

पबजी जैसे अनेक मोबाइल गेम्स में फंसकर दिग्भ्रमित होती युवा पीढ़ी द्वारा आत्महत्या तक कर लेने के कथानक पर बुनी गई संग्रह की कहानी-' वह लौट आया' भी सुखान्त कहानी है जिसमें मोबाइल गेम्स के आदी विद्यालय के एक सहपाठी की मृत्यु से सबक लेकर दूसरे साथी ने स्वयं तो गेम्स छोड़े ही, दूसरे साथियों से भी छुड़वाने का नेक काम किया।

बालमन अति भोला और जिज्ञासु होता है, इसी बालमनोविज्ञान का सहारा लेकर विदुषी लेखिका श्रीमती सविता मिश्र अक्षजा ने कहानी-'प्रश्न उठते रहे' का ताना-बाना बुना है। अपनी पुत्री को रावण-मेला दिखाने गये नायक के बहाने लेखिका ने समाज में व्याप्त कुरीतियों, कुसंस्कारों और इंसानों के रूप में समाज में व्याप्त राक्षसों की ओर उंगली उठाते हुए इनका डटकर सामना करने की सलाह दी है-

"मैं आज भी हूँ और कल भी रहूँगा। मैं शाश्वत हूँ। मेरा वध! हा!हा! मेरा वध! कभी नहीं किया जा सकता है राम। जितनी बार मरूँगा उतनी बार, उसके दस गुना अधिक रूपों में मैं जन्म लूँगा।" (पृष्ठ-37)

ईश्वर ने नारी हृदय को अति कोमल बनाया है। किन्ही विषम कारणों से यदि नारी कठोरता धारण करती भी है तो भी उसके हृदय में कोमल भाव मरते नहीं। संग्रह की कहानी- 'स्त्रीत्व मरता कब है' इस बात की पुष्टि करती प्रतीत होती है। नक्सली बनी कहानी की नायिका के नारी मन में उठते विचार उसे आत्म समर्पण करने को प्रेरित करते हैं और अंततः वह आत्म समर्पण कर देती है।

फर्स्ट इंप्रेशन कहानी के माध्यम से लेखिका ने पुराने जमाने को जिसमें पोस्टकार्ड, अन्तर्देशीय और लिफाफे ही मन के भावों और सभी समाचारों को एक दूसरे तक संप्रेषित करने के साधन हुआ करते थे, का रेखाचित्र खींचते हुए पुरानी पीढ़ी को विगत की स्मृतियों में डूब जाने पर विवश किया है तो वहीं वर्तमान युगीन साधनों का भी वर्णन किया है। इतना ही नहीं पुत्री के ट्यूशन के बहाने विद्यार्थी और शिक्षक के सच्चरित्रवान, ईमानदार और मेहनती होने के लक्षण को भी आवश्यक तत्व बतला दिया है।

'जिंदगी के रंग' कहानी संग्रह की बहुत भावप्रवण कहानी है जिसे फ्लैशबैक में रचा गया है। कहानी में वर्तमान युगीन विषंगतियों और वृद्धजनों की अवहेलना को चित्रित किया गया है। अपनी संतान के लालन-पालन में जिन माता पिता ने दिन-रात एक किए, बच्चों की छोटी-छोटी परेशानियों से भी बचाने के लिए खुद को संकटों में डाला वे ही बच्चे जब बड़े होकर वृद्ध माता-पिता की अवहेलना करने लगते हैं तो हृदय में एक टीस सी उठती है। वृद्ध वीणा पति के देहान्त के बाद एकाकीपन महसूस करते हुए अपने पति के साथ बिताये एक-एक पल, एक-एक घटना को याद करती है। इतना ही नहीं शरीर लकवाग्रस्त हो जाने के दस दिन बाद ही पुत्र,पुत्र-वधु और पुत्री आदि ने वीणा की आवाज को अनसुना करना शुरू कर दिया तो पति के साथ गुजारा समय और भी तीव्रता से याद आने लगा-

'उसे फिर से बाथरूम जाने की जरूरत तेजी से महसूस हुई। बोझिल, दुःखी मन लिए वह फिर से बेटी-बहू को पुकारने लगी। आवाज उसके कमरे से तो जा रही थी परन्तु उन दोनों के स्वर के साथ वापस नहीं हो रही थी। उसकी निगाहें फिर तस्वीर पर टिक गई। ....(पृष्ठ-60)

शोहदेअक्सर यौवन के नशे में माता-पिता की सीख दकियानूसी विचार नजर आती है युवा पीढ़ी को लेकिन जब अपनी भूल का अहसास होता है तो समय बहुत बीत चुका होता है। ऐसे में कुछ का जीवन बर्बाद हो जाता है तो कुछ को संयोगवश कैद से मुक्ति भी मिल जाती है, इसी बात को स्पष्ट करती हुई कहानी है-'पिंजरे की चिड़िया'। पहले के समय की पढ़ाई और वर्तमान पढ़ाई के मूलभूत अन्तर को दर्शाती हुई, मनोरंजक रूप से बुनी गई कहानी है-'ग्रेस मार्क्स' तो 'आत्मशक्ति' एक दिशा निर्देष करने वाली, एक समझदार और आत्मबल की धनी माँ का साथ देने वाली महिलाओं की आत्मशक्ति की कहानी है। अक्सर ही शहरों और कस्बों के चौराहों या कन्या विद्यालयों के आसपास शोहदों की भीड़ जमा होकर युवतियों के ऊपर छींटाकसी करती हुई देखी जा सकती है। सामाजिक बदनामी का भय युवतियों को उनकी शिकायत करने से रोकता है फलतः प्रशासन भी उनकी कोई

सहायता नहीं कर पाता।

लेखिका ने इस कहानी के माध्यम से एक ऐसी माँ का चरित्र निर्माण किया है जो ऐसे शोहदों से अपनी पुत्री को तो मुक्त करती ही है साथ ही घर-परिवार और अन्य लोगों की सोच में महत्वपूर्ण बदलाव लाकर युवतियों में भी आत्मबल जाग्रत कर देती है-

'बहन जी, आइन्दा से मेरा बेटा निहाल आपकी बेटी ही नहीं, बल्कि किसी भी लड़की को कभी नहीं छेड़ेगा, इसकी गारण्टी मैं लेती हूँ यदि ऐसा हुआ तो मैं खुद ही इसे पुलिस के हवाले कर दूंगी।' (पृष्ठ -87)

'पीढ़ियों का अन्तर' यानि जेनेरेशन गैप कहानी संग्रह की ऐसी कहानी है जो बहुत ही बारीकी से समय के बदलाव को चित्रित करती है। समय परिवर्तनशील है और समय के साथ-साथ बहुत कुछ बदल जाता है। बच्चों के व्ययहार, प्रकृति से जुड़ाव, खेल-कूद, सब कुछ।

भतीजी की शादी में विभा अपने दिल्ली में जन्में, पले-बढ़े पुत्र अर्पण को अपना गाँव दिखाने के लिए साथ ले जाती है। रास्ते में बाग-बगीचा आदि देखकर विभा को अपने बचपन की एक-एक बात याद आने लगती है और वह पृकृति की गोद में लेटने को मचल उठती है। अपनी माँ की बचपन की बातें सुन-सुन कर अर्पण आश्चर्यचकित हो उठता है। वह बचपन में अपने गाँव के तालाब में नहाने की बात अर्पण को बताते हुए कहती है-

"मम्मी कितना मना करती थी पर कूद जाती थी पानी में। जानता है एक-दो बार तो भैंस पर बैठकर मैंने तालाब को पार किया। अहा! कितना मजा आता था।" (पृष्ठ-94)

गाँव पहुचकर जब विभा को खेल के मैदान में बच्चे खेलते हुए नहीं मिले तो समय के परिवर्तनशीलता पर विभा को आश्चर्य हुआ-

"ये आजकल के बच्चे तरक्की पसंद हो गये हैं। शहर तो शहर, लगता है अब गाँव के बच्चे भी जमीनी स्तर का खेल खेलना भूल चुके हैं। बस पढ़ना-लिखना और मोबाइल में खोए रहना।" (पृष्ठ-96)

' सुधियों के अनुबन्ध' संग्रह की आखिरी और शीर्षक कहानी है जो प्रत्येक उस घर की कहानी है जिसमें बुजुर्गों की सेवा-सुश्रूषा केवल उनके पास उपलब्ध धन-सम्पत्ति को हड़पने तक ही की जाती है और यदि बुजुर्ग पति या पत्नी में से कोई एक पहले मृत्यु को प्राप्त हो जाय तो दूसरा उसके संग-साथ बिताये पलों की याद कर-करके एकाकी जीवन व्यतीत करने को अभिशप्त होता है। पूर्ण विस्तार के साथ लिखी गई यह कहानी यथार्थ के खुरदरे धरातल का सहज ही आभास करा

देती है।

कुल मिलाकर कहानी संग्रह-सुधियों के अनुबन्ध' के सृजन में विदुषी लेखिका श्रीमती सविता मिश्रा जी ने पूर्ण मनोयोग से जीवन के विभिन्न कोनों को झाँका है तभी तो वह बारीक से बारीक बात का भी विस्तार के साथ वर्णन करने में सफल रही हैं।

संग्रह का मुद्रण साफ-सुथरा है किन्तु 'आमुख' के प्रथम पृष्ठ पर ही 'लघुकथा' शब्द का छह स्थानों पर 'लधुकथा' लिखा होना लेखिका एवं प्रकाशक की प्रूफ रीडिंग में शिथिलता को ही दर्शा रहा है।

# ९

# विविध रंगी फूलों का गुलदस्ता : कुछ एहसास, कुछ इल्जाम

हिन्दुस्तानी अकादमी प्रयाग और उ.प्र. सरकार के कई प्रतिष्ठित सम्मानों से सम्मानित, जिलाधिकारी के पद पर कार्यरत युवा विश्व भूषण मिश्र जी का पहला गजल-गीत-कविता संग्रह-'कुछ एहसास, कुछ इल्जाम' अवलोकनार्थ मिला। यद्यपि कविता का उद्गम हृदय से होता है उसे सायास लिखा तो जा सकता है लेकिन वह निर्जीव सा आभास ही करायेगी, किसी के हृदय में गहरे उतर जाने की शक्ति का उसमें नितान्त अभाव ही दृष्टिगोचर होगा।

और यह भी सत्य है कि कविता पर किसी उम्र विषेष का अधिकार नहीं होता। समय की भट्टी में तपकर जिसने भी यथार्थ के खुरदरे धरातल पर चलकर अनुभवों की गठरी बांधी होती है या प्रेम के संयोग-वियोग की पीड़ा का डूबकर आनन्द लिया होता है, वही राधा, मीरा और सूरदास या कबीरा की श्रेणी में अपने को लाने में सफल हो जाता है।

बहुत कम साहित्यकार होते हैं जो उम्र के एक पड़ाव पर पहुँचने के बावजूद अपनी रचनाओं में पूर्ण परिपक्वता का पुट दे पाते हैं लेकिन श्री विश्व भूषण मिश्र की इस पुस्तक को पढ़ते हुए अनुभव होता है कि जीवन के अनुभवों और अनुभूतियों को कसकर पकड़ने और उन्हें अभिव्यक्त करने की पूर्ण क्षमता विश्व भूषण जी में विद्यमान है।

कम उम्र में ही अपने गहन अनुभवों को इस काव्य-संग्रह में उकेरने वाले विश्व भूषण जी की 24 गजलें तथा 34 गीत और कविताएँ इस पुस्तक में समाहित की गई हैं।

प्रेम आस्था और विश्वास पर जीवित रहता है। व्यापारिक दृष्टिकोण से किया गया प्रेम, प्रेम नहीं होता व्यापार होता है जो रिश्तों का महत्व समझते हैं वे व्यापारिक दृष्टिकोण से सम्बन्ध नहीं बनाते। इसी बात को विश्व भूषण जी ने बड़ी खूब सूरती से व्यक्त किया है-

जिन्हें बदलना आये साथी, उनको जाने से क्या रोकें

हम रिश्तों में जीते हैं, करते इनका व्यापार नहीं। (पृष्ठ-18)

तथा-

यहाँ जब दिल में भी दुकानें सजने लगीं

कुछ यादें समेट हम बेघर चले आये। (पृष्ठ-22)

मनुष्य आज इतना स्वार्थी और चालाक हो गया है कि उसकी नीयत और वास्तविकता को भी समझ पाना मुश्किल हो गया है। कवि हृदय चूंकि भावुक एवं अति संवेदनशील प्राणी होता है, छोटी से छोटी बात भी कवि हृदय को चोट पहुँचाती है। इसी बात को व्यक्त करने का प्रयास किया गया है इस गजल में-

बड़े शहरों की ऐसी श्शराफत से तौबा

नकली वादें औ झूठी नजाकत से तौबा।

ना सच का पता न गुमान-ए-जमीर

उनकी मोहब्बत-अदावत से तौबा।

सहूलियत के मुताबिक अहसास बदलें

रिश्तों की ऐसी मिलावट से तौबा। (पृष्ठ-23)

तथा-

मोहब्बतों में जब दांव चलने लगते हैं

जिन्दगी के मकसद बदलने लगते हैं। (पृष्ठ-29)

आज अधिकांश लोगों में अपने आप को बड़ा सिद्ध करने और दूसरे को छोटा सिद्ध करने की होड़ सी लगी है। कवि हृदय इसे उचित नहीं समझता। भारतीय संस्कृति की अनुपमता कवि को लुभाती है। इसीलिए लिखा है-

किसी का कद घटाकर के बड़ा होना नहीं आता

हमें अब तक कतारों में खड़ा होना नहीं आता। (पृष्ठ-37)

तथा-

बुजुर्गों की ये तालीम मुझको याद रहती है

खाना खुद नहीं खाना, अगर मेहमान बाकी है।
नाइंसाफी की जानिब कलम नहीं झुकती
फकीराना तवियत है और ईमान बाकी है। (पृष्ठ-38)
टूटा बहुत मर्तबा लेकिन झुका नहीं
उसूलों से बढ़ के कभी कुछ लगा नहीं। (पृष्ठ-41)

तीन खण्डों में विभाजित इस संग्रह के दूसरे खण्ड में 29 गीत और कविताएँ समाहित हैं। विश्व भूषण जी की जितनी अच्छी पकड़ गजल पर है उससे कहीं अधिक मार्मिकता और सौन्दर्य उनकी कविता और गीतों मे परिलक्षित होता है। चाँद-रजनी षीर्षक से पूरी पद्य कथा को बहुत सलीके से बांधा गया है-

रजनी उर में झाँ-झाँ मैंने देखा है स्पंदन
ष्वेत अभिभ्रावित चंदा का है देखा ष्शीतल क्रंदन।

.................................................................

तारक-विहीन आँचल हो तुम, आभा विहीन मैं चंद्र तुम्हारा
साथी नयनों में झाँको परखो अब ष्शीतल प्रेम हमारा।(पृष्ठ-47)

राष्ट्र-अभिव्यक्ति, राष्ट्र-आव्हान और राष्ट्र-पुनस्थापना जैसी कविताओं में राष्ट्र के प्रति अपनी भावनाओं को अभिव्यक्त किया है कवि ने जो निष्चित ही कवि की राष्ट्रवादी विचार धारा की पुष्टि करती हैं-

आत्मोत्सर्ग का प्रतिबद्ध राग
हर भारतवासी अब रहा जाग
रण भेरी बजती जागो अचेत
दो मातृ भूमि पर ष्शीश त्याग।
अब परिवेष बदलना होगा
बहुत सम्हलकर चलना होगा
प्रत्यक्ष शिखण्डी लाख खड़े हों
अप्रत्यक्षों से लड़ना होगा। (पृष्ठ-67)
पत्थर-पत्थर शिवलिंग यहाँ
दीप-दीप ज्योतिर्मय है।
यही आर्यावर्त है जिसका
इतिहास बड़ा महिमामय है। (पृष्ठ-75)

जिन्दगी की दौड़, दिल चैराहा, मन की हार आदि कई कविताएँ हैं जो कवि की दार्शनिकता की ओर इशारा करती प्रतीत होती हैं।

जीवन में सकारात्मकता का बहुत महत्व होता है। निराशा व्यक्ति को कमजोर करती है इसलिए कवि ने कविता-'फिर भी फूल खिले जीवन में' कविता में आशावान बने रहने का उद्घोष किया है-

द्वन्द्व यहाँ

सँघर्ष यहाँ

मानवता के क्रंदन पर भी

लोग मनाते हर्ष यहाँ

रेत उड़ा करती मरुवन में

फिर भी फूल खिले जीवन में। (पृष्ठ-70)

एक सौ चार पृष्ठीय संग्रह कुछ 'एहसास, कुछ इल्जाम' में कुल 58 रचनाएँ संग्रहीत हैं। प्रत्येक रचना अपनी उत्कृष्टता सिद्ध करती प्रतीत होती है।

# 10

# एतिहासिक तथ्यों को प्रमाणिक रूप से प्रस्तुत करती और संवेदनशीलता की धरोहर - माँ हो जाना

हिन्दी साहित्य की विविध विधाओं, समालोचना, कहानी, उपन्यास, काव्य और समीक्षा एवं बाल साहित्य आदि में साधिकार लेखनी चलाने वाली, विदुषी, साहित्यकार डॉ. अमिता दुबे का सद्यः प्रकाशित काव्य संग्रह '' माँ हो जाना '' मुझे पढ़ने का सुअवसर मिला। सम्भवतया यह उनकी तेतीसवीं कृति है।

उत्तर प्रदेश हिन्दी संस्थान की पत्रिका 'साहित्य भारती' एवं 'बाल वाणी' की सम्पादक, विदुषी डॉ.अमिता दुबे जी का काव्य संग्रह-' माँ हो जाना' एक ऐसी कृति है जो अपने धर्मग्रन्थों के गहन पठन-पाठन के द्वारा और माँ सरस्वती की विशेष अनुकम्मा होने पर ही किसी साहित्यकार की लेखनी से सृजित हो सकती है।

डॉ.अमिता दुबे जी ने स्वयं ही इस बात को स्वीकारते हुए लिखा है कि -

''माँ हो जाना '' की कविताएँ कुछ प्रथक भावभूमि की कविताएँ हैं, इनमें निजी अनुभूति के साथ कुछ प्रश्न भी हैं जिनके उत्तर हमें निरन्तर ढूँढ़ते रहने होंगे भारतीय संस्कृति में पूर्ण निष्ठा के साथ।''

उनका कहना है कि माँ होने के लिए यह आवश्यक नहीं है कि सन्तान को जन्म ही दिया जाय। ममत्व का भाव माँ होने की अनुभूति कराता है।

अस्सी पृष्ठीय इस कविता संग्रह की कविताओं को विदुषी लेखिका ने सात शीर्षकों में विभक्त किया है।

पाँच स्त्रियाँ विवाहित होने पर भी कन्याओं के समान पवित्र मानी गई हैं। ब्रह्म पुराण के अनुसार वे पाँच कन्यायें हैं- अहल्या, द्रोपदी, तारा, कुंती तथा मंदोदरी। सर्व विदित है कि अहल्या ऋषि गौतम की पत्नी थीं तो द्रोपदी पाण्डवों की, तारा बाली की पत्नी थी तो कुंती पांडु की और मंदोदरी रावण की पत्नी थी।

ब्रह्मपुराण में उल्लखित इन पाँचों चरित्रों ने डॉ. अमिता दुबे जी के अति संवेदन शील हृदय को इतना आन्दोलित किया कि उन्होंने इन पाँचों के चरित्रों की गहराई जानने के लिए बहुत ही गहनता से कितने ही पुराण और धर्मग्रन्थों का अध्ययन, चिंतन और मनन किया और निष्कर्ष रूप में जो नवनीत निकला उसे नाम दिया-‘‘माँ हो जाना’’

इस काव्य संग्रह की पहली रचना का शीर्षक है-अहल्या का माँ हो जाना।

पद्यकथा के रूप में अहल्या की उत्पत्ति, ब्रह्मा जी की अहल्या के विवाह की शर्त, गौतम ऋषि द्वारा त्रैलोक्य की सर्वप्रथम परिक्रमा, इन्द्र की कुचेष्टा, कामवश इन्द्र का अहल्या के पास आना, उसी समय गौतम ऋषि का आश्रम में प्रवेश, इन्द्र को पहचानकर गौतम ऋषि द्वारा इन्द्र को श्राप का देना और फिर अहल्या की कोई भी बात सुने बिना ही अहल्या को भी श्राप देना जिसे सुन अहल्या का चेतना शून्य, पाषाणवत् हो जाना फिर शिलावत् अहल्या को त्रेतायुग में श्रीराम की प्रतीक्षा। गुरु विश्वामित्र के आदेश पर श्रीराम द्वारा अहल्या का स्पर्श और पुकारना- माँ ओ माँ।

इतने तथ्यों को जुटाने में किये गये लेखिका के श्रम का अनुमान वही लगा पायेगा जो कभी इस तरह के शोधकार्य के समुद्र की गहराई में उतरा हो।

श्रीराम द्वारा स्पर्श और कहे गये माँ शब्द के श्रवणरन्ध्रों में प्रवेश के साथ ही अहल्या की संवेदना का पुनः जाग्रत होना। विश्वामित्र द्वारा पुत्र शतानन्द का राजा जनक के यहाँ कुलगुरु के रूप में होने तथा गौतम ऋषि की तपस्या पूर्ण होने पर उपस्थित होने का समाचार। सम्पूर्ण कथा पद्य रूप में पूरे तारतम्य के साथ चलचित्र की भाँति पाठक के समक्ष साकार हो उठती है जिसे विदुषी लेखिका डॉ. अमिता दुबे ने पुस्तक के 13 पृष्ठों में उकेरा है।

जब श्रीराम ने मुझे पुकारा

माँ ओ माँ.... माँ।

मुझे अब नहीं प्रतीक्षा अपने पति की
नहीं कामना किसी सुख की
मुझमें ममता हिलोरें ले रही है
मैं अहल्या से
माँ जो बन गयी हूँ
सदैव आदरणीया माँ। (पृष्ठ--21)

अहल्या के बहाने डॉ.अमिता दुबे जी ने नारी की नियति और उसकी मर्मान्तक पीड़ा को भी बहुत ही मार्मिक शब्दों में अभिव्यक्ति दी है--

मुझे निर्दोष मानने पर भी
उन्हें अपने दण्ड का मान तो रखना ही था
अहल्या को शिलावत् ही हो जाना था
जिस स्त्री के आन्तरिक सौन्दर्य को
उसका अपना कोई बहुत अपना
अनुभव ही न करे
तो उस स्त्री का
शिलावत् हो जाना उचित है।

.........................

एक स्त्री की यही नियति है
वह या तो भोगी जाएगी
या त्यागी जायेगी। (पृष्ठ--16)

काव्य संग्रह की दूसरी रचना का शीर्षक है-तारा का माँ हो जाना।

अनिंद्य सुन्दरी अप्सरा माँ की पुत्री तारा जो शिवजी के शापवश कछुई बनी और आशीर्वाद से बाली की पत्नी। बाली और सुग्रीव के युद्ध में बाली की वीरगति के बाद अंगद की माँ और राजमाता के रूप में चर्चित हुई। श्रीराम ने तारा को भी माँ का सम्बोधन दिया तो वह धन्य हो गई। यही पूरी कथा पद्यकथा के रूप में ''तारा का माँ हो जाना'' रचना में डॉ. अमिता दुबे जी ने प्रस्तुत की है-

सौन्दर्य की प्रतिमूर्ति
अप्सरा पुत्री तारा को
पुत्र अंगद की माँ बनकर चर्चित होना था।
मैं धन्य हो गई
जब प्रभु श्रीराम ने मुझे
माता कहकर सम्बोधित किया

माँ होकर धन्य होना
हर स्त्री के भाग्य में कहाँ होता है। (पृष्ठ--33)
काव्य संग्रह की तीसरी रचना का शीर्षक है-मंदोदरी का माँ हो जाना।

असुरराज मयासुर और अप्सरा हेमा की पुत्री तथा रावण की पत्नी जिसने बहुत कुछ देखा, सहा, भोगा और अन्त में अपने पति रावण को सद्‌मार्ग पर चलने के लिए समझाने में असफल रहने पर अपने पुत्रों को खोने के बाद मानवता के विकास की सार्थक कड़ी बनने की कामना करती हुई एक माँ बनकर अपना सौभाग्य समझती मंदोदरी।

पुरुष प्रधान समाज में नारी को कमतर समझने की भूल करने वालों को मंदोदरी की पीड़ा के माध्यम से लेखिका ने कैसी सहजता से चेतावनी भी दे दी है-

स्त्री तो पुरुष के दर्प
ऐषणा, लोलुपता के लिए
सदैव से छली जाती है
विजित की जाती है
स्त्री को सुख साधन की
वस्तु मानने वाले मेरे पति
यह विस्मृत कर गये
एक स्त्री ही समाज को
करती है अनुशाषित
उसे प्रतिशोध की वस्तु
मानने वालों का अन्त
सदैव होता है दुःखदायी। (पृष्ठ--39)
चौथी रचना का शीर्षक है-कुंती का माँ हो जाना। इस रचना में नारी की विवशता को शब्द दिए हैं इस प्रकार-

मातृत्व का भार
धरती वहन करती है
स्त्री भी करती है
लेकिन धरती के लिए
अनिवार्य नहीं है
यह बताना कि उसकी कोख में
किसने बीज वपन किया है।
स्त्री को नहीं है यह स्वतंत्रता

बिना यह बताये कि

उसकी संतान का पिता कौन है।

स्त्री को बहुत कुछ छुपाना होता है।( पृष्ठ--44)

एक नारी ही दूसरी नारी की पीड़ा को महसूस कर सकती है। कुन्ती की मर्मांतक पीड़ा की अभिव्यक्ति कुंती के ही शब्दों में कराने का प्रयास किया गया है इन पंक्तियों में-

मैं राजमाता बन संतुष्ट नहीं थी

मुझे तो बनना था

सूर्य पुत्र कर्ण की माँ

सूत पुत्र राधेय की माँ

मेरा माँ हो जाना

तब ही सार्थक होता

काश ऐसा हो पाता। (पृष्ठ--52)

संग्रह की पांचवी रचना का शीर्षक है-द्रोपदी का माँ हो जाना।

पांच पाण्डवों की पत्नी और कृष्णा, द्रुपदसुता, पांचाली तथा यज्ञसेनी नामों से जानी जाने वाली पांचवीं माँ का नाम है द्रोपदी। द्रोपदी ने अपने जीवन में मान, अपमान, विछोह आदि बहुत से कष्ट सहे लेकिन फिर भी धैर्य नहीं खोया। वह कहती है-

जीवन कभी नहीं मरता

मरती हैं केवल आस्थाएं

मरते हैं सम्बन्ध

परन्तु जीवन फिर चलता है

नई आशाओं के साथ

माँ हो जाना सहज नहीं होता

परन्तु स्त्री का माँ हो जाने में ही

गौरव है, वैभव है। (पृष्ठ--63)

ब्रह्मपुराण में वर्णित इन पांच कन्याओं के विस्तृत वर्णन के बाद छठी रचना- '' बड़े हो जाना'' में विद्वान लेखिका डॉ अमिता दुबे जी ने सांसारिकता में लिप्त प्राणियों को यह अनुभव कराने का प्रयास किया है कि माँ के जीवित रहते, उनकी छत्रछाया में हम अपने आप को बच्चा ही समझते है। किन्तु जब माँ ब्रह्मलोक को पदार्पण कर जाती हैं तब अनायास ही हमारे कंधों पर बड़े होने का दायित्व आ जाता है-

हम तब बड़े हो जाते हैं

जब माँ ब्रह्मलीन हो जाती है

उसका ममतामयी आंचल उड़ जाता है

रह जाती है संसार की माया

उस दिन हम

हाँ उस एक दिन से हम

सदा के लिए बड़े हो जाते हैं

चाहे हम कितने ही छोटे हों

या हम कितने ही बड़े हों। (पृष्ठ--67)

और अन्त में वह कविता जिसने विदुषी लेखिका को बाध्य किया इस पुस्तक को लिखने के लिए। अपनी स्वयं की माँ श्रीमती पुष्पलता की स्मृतियों को सहेजने और उन्हें सच्ची श्रद्धान्जलि देने का एक पवित्र उपाय। अपनी माँ की अंतिम विदाई की स्मृतियों को संजोते हुए लेखिका ने उन माँ का भी स्मरण किया है जिन्होंने अपने देश की रक्षार्थ अपने प्राणों की आहुति दी चाहे वह रानी लक्ष्मीबाई हो या कोई और, जिन्होंने जीवन के हर मोर्चे पर अपने आप को सिद्ध किया है।

मेरी माँ का जीवन

उन उतार-चढ़ाव की गाथा है

जो शायद सबके जीवन में आते हैं

कभी हम टूटते बिखरते हैं

कभी गिरते सम्भलते हैं

कभी सब कुछ भूलकर आगे बढ़ने को

विवश भी होते हैं

नयी मंजिल हमारी प्रतीक्षा में होती है।(पृष्ठ--75)

माँ के अंतिम क्षणों की स्मृतियों को बहुत ही सहेज कर रखा है डॉ. अमिता दुबे जी ने जो उनके अति संवेदनशीलता का प्रमाण है। पल-पल का सहज रूप् से वर्णन बहुत ही बारीकी के साथ किया है उन्होंने। माँ के चले जाने के बाद उनकी सीख, उनकी जिजीविषा और धैर्य व समर्पण को जीते हुए वह अपने अन्दर भी माँ हो जाना महसूस करती हैं-

ईश्वर पर विश्वास की डोर

माँ ने मुझे थमाई है

यह डोर बहुत मजबूती से

पकड़े रह सकूँ बस यही कामना है

माँ कहीं नहीं गई है

वह मेरे अन्दर समा गई है

दो बच्चों की माँ बनकर भी

लगता है जैसे आज माँ बनी हूँ

माँ के स्पर्श को अपने अन्दर

समाते देखने की सुखद अनुभूति के साथ। (पृष्ठ--79-80)

इस संग्रह की समस्त रचनाओं को पढ़ते हुए निरन्तर पद्य कथा के लेखक रामधारी सिंह दिनकर जी का स्मरण होते रहना स्वाभाविक है। दिनकर जी की पद्यकथाओं- चाँद का कुरता, मिर्च का मजा और सूरज का व्याह को पढ़ते हुए एक चलचित्र पाठक के समक्ष उपस्थित होता है उसी प्रकार डॉ. अमिता दुबे जी के इस काव्य संग्रह की सातों रचनाओं के दृश्य साक्षात पाठक के समक्ष चलचित्रवत् उपस्थित हो उठते हैं। कुल मिलाकर काव्य संग्रह की भाषा-शैलीसहज-सरल और आकर्षक है। पूरे काव्य संग्रह में प्रवाहमयता है।

# 11

# इतिहास की भूलों की ओर इशारा करता काव्य संग्रह- प्रताप महान

राष्ट्रीय एवं अन्तर्राष्ट्रीय अनेक साहित्यिक संस्थाओं द्वारा पुरस्कृत/ सम्मानित, राष्ट्रवादी विचारधारा के पोषक, प्रखर चिंतक, मनीषी, 18 वर्ष से राष्ट्रᵃ किंकर के संपादन से जुड़े वरिष्ठ पत्रकार, साहित्यकार श्री विनोद बब्बर जी अनेक भाषा एवं बोलियों के जानकार, हिन्दी तथा भारतीय भाषाओं के प्रबल पक्षधर तथा पूर्वोत्तर भारत में लिपि रहित बोलियों को देवनागरी लिपि से जोड़ने के अभियान में गत दो दशक से अधिक सक्रिय भूमिका निभाते आ रहे बब्बर जी ने अब तक 18 देशों की साहित्यिक एवं सांस्कृतिक यात्राएं की हैं, इनकी प्रकाशित 37 पुस्तकों में से 8 पुस्तकों का विभिन्न भारतीय भाषाओं में अनुवाद हो चुका है साथ ही देश के 5 विश्वविद्यालयों में इनके साहित्य पर शोध कार्य हो चुके हैं। इनकी पुस्तक-'प्रताप महान' पढ़ने का सौभाग्य मुझे मिला। इस पुस्तक को विद्वान रचनाकार ने महाराणा प्रताप की 17वीं पीढ़ी कारोई के वर्तमान महाराज श्रीयुत् श्री शिवदान सिंह जी को समर्पित किया है।

पुस्तक में अलग-अलग ष्शीर्षकों से 21 पद्य रचनाओं को समाहित किया गया है। पहली रचना का ष्शीर्षक -'माटी है वलिदान की' रखा गया है जिसमें मेवाड़ के कण-कण में वीर जवानों के ष्शौर्य और स्वाभिमान की गाथा लिखी हुई है तो अपने ही राष्ट्रᵃ के प्रति गद्दारी करने वालों का भी इसमें उल्लेख मिलता है। यहाँ

बप्पा रावल, सांगा, झाला और राणाप्रताप के ष्शौर्य के गुणगान के साथ ही साथ महाराणाप्रताप के अश्व की बफादारी का भी उल्लेख किया गया है। रानी पद्मावती के जौहर, मीरा की भक्तिभावना और श्रीनाथ जी के प्राकट्य, सभी का उल्लेख राष्ट्रवादी रचनाकार श्री विनोद बब्बर जी ने अपनी लेखनी से संग्रह की प्रथम कविता-'मांटी है वलिदान की' में समाहित कर दिया है-

इस धरती का कण-कण गाता

गाथा वीर जवानों की

रेत के टीले कहें कहानी

ष्शोणितमय बलिदानों की। (पृष्ठ-19)


संग्रह की दूसरी रचना का शीर्षक 'प्रणाम' है जिसमें प्रखर मनीषी श्री विनोद बब्बर जी ने अपने अन्तस की गहराई से वीरों को, वीरों के शौर्य को, शौर्यभूमि चितौड़, उदयपुर और अरावली को महाराणाप्रताप के अश्व चेतक को तथा हल्दीघाटी आदि सभी को नमन करते हुए अपनी श्रृद्धान्जलि अर्पित की है-


वीरों की चिर शौर्य धरा को

अपना शीश नवाता हूँ

यशोगान को गा-गाकर

निशदिन मैं हर्षाता हूँ। (पृष्ठ-21)


'गाथा वीर प्रताप की' तथा 'सुन लो तुम गौरव गाथा' संग्रह की तीसरी और चौथी रचना हैं जिनमें श्री विनोद बब्बर जी ने राणा प्रताप के जीवन चरित्र की वास्तविक तस्वीर दिखाकर नई पीढ़ी में ओज उत्पन्न करके उन्हें जाग्रत करने का प्रयास किया है-

अकबर ने किए उपाय सभी, पर सारे ही बेकार हुए

पद,रुतवा,धन,दौलत विवेक, के पासे सभी लाचार हुए

शाही दरवार हुआ भौचक, पर वीर बांकुरा रुका नहीं

गर्वीले मानी का मस्तक, ष्शत्रु के सम्मुख झुका नहीं

उस महावीर बलिदानी की, जय कीर्ति सुनाने आया हूँ

उठो! शिवा राणा के पुत्रों, मैं तुम्हें जगाने आया हूँ। (पृष्ठ-24)


'सुन लो तुम गौरव गाथा' संग्रह की चौथी रचना है। विषम परिस्थितियों में

राणाप्रताप का साथ देने वालों का, झाला के वलिदान का और राणा प्रताप के अश्व चेतक के रण कौशल का इस रचना में इस तरह उल्लेख किया गया है कि पढ़ने वाले के सामने साक्षात दृश्य उपस्थित होकर उसके रोंगटे खड़े कर देता हैं तो देश के प्रति गद्दारी करने वालों को इसमें धिक्कारा भी है। अपनी माटी, अपने देश के प्रति वफादार न रहकर अकबर के पक्ष में लड़ने वालों की प्रताड़ना करते हुए राष्ट्रवादी कवि श्री विनोद बब्बर जी ने लिखा है-

माँ की लोरी, संस्कारों को, बिल्कुल भुला दिया तुमने?
तुम पर जो गर्व किया करती, उस माँ को लजा दिया तुमने।
बहनों की इज्जत को अरि की बाहों में झुला दिया तुमने
ले जन्म सिंह कुल में तुमने, गीदड़ सा बना लिया तुमने। (पृष्ठ-32)

चाणक्य नीति विश्व विख्यात है। इस संग्रह की पांचवी रचना 'वीर की कूटनीति' के माध्यम से बब्बर जी ने राणा प्रताप की कूटनीति और उनका साथ देने वाली बालिका के शौर्य का चित्रण किया है तो 'शक्ति विद्रोही' रचना में अपने ही भाई प्रतापसिंह के विरुद्ध शक्ति सिंह के कुविचारों का प्राकट्य किया गया है। मानसिंह द्वारा अकबर के साथ मिल जाना मेवाड़ को कलंकित कर गया। वह राणा प्रताप के सामने भी अकबर के साथ मिलाप करने का प्रस्ताव लेकर पहुंचा तो राणा प्रताप ने उसे बहुत दुत्कारा। इसी भाव को प्रकट किया गया है संग्रह की अगली रचना-'मानसिंह को करारा जबाव' तथा 'स्वाभिमानी प्रताप' में-

तुझे मुबारक शानोशौकत, गज रथ औ बग्गी घोड़े
मद की मदिरा मनभर पीकर, हो ले जितना भी चौड़े।
लेकिन राजभवन के राग से, वतन तराने हैं अच्छे
गुलामी की जूठन से ये, सूखे दाने हैं अच्छे। (पृष्ठ-60)

राणाप्रताप से फटकार खाने के बाद मानसिंह ने अकबर को सब ज्यों का त्यों बता दिया फलस्वरूप पन्द्रह सौ छिहत्तर के 18 जून कों हल्दीघाटी के युद्ध की तैयारी और युद्ध की विभीषिका का वर्णन सरस्वती पुत्र श्री विनोद बब्बर जी ने युद्ध की तैयारी' तथा 'हल्दीघाटी का महासमर' और 'घमासान' शीर्षक रचनाओं में करते हुए समरक्षेत्र का साक्षात लोमहर्षक दृश्य उपस्थित कर दिया है जो पाठक के मस्तिष्क को झनझनाते हुए वीर रस में सराबोर कर देता है-

चम चम चम चमक रहे भाले, तलवारें चलती छपक-छपक
अरि-दल का छेदन करते थे, किरपाल कटारी लपक-लपक।
पैदल-पैदल से लड़ते थे, भिड़ गये सवार सवारों से,
घोड़े हाथी-सैनिक दल, बचते वीरों के वारों से।
कुछ रुण्ड-मुण्ड गिरते भू पर, कुछ घायल गिरे तड़पते थे
कुछ चिल्लाते मारो-मारो, कुछ छिपते, गिरते-भगते थे। (पृष्ठ-74)


रचना-‘शक्ति-संवाद’ में मेवाड़ की रक्षा का संकल्प, ‘संकट सके साथी भामाशाह’ में महाराणा की सन्तान चम्पा-सुन्दर के घोर अभावों में पलते हुए भी देश-भक्ति की बातें करते-करते मृत्यु को प्राप्त हो जाने के दृश्य को उनके तोतले संवादों के माध्यम से कहलवाकर राष्ट्रवादी रचनाकार श्री विनोद बब्बर जी ने अपने काव्य कौशल की पराकाष्ठा का परिचय दिया है। राणा प्रताप के इस संकट काल में भामाशाह की दानशीलता और त्याग की पराकाष्ठा का वर्णन भी इस रचना में कवि ने किया है।
‘नरवीरों को प्रणाम’ रचना के माध्यम से रचनाकार ने अपनी माटी पर मर मिटने वालों को प्रणाम कर श्रद्धान्जलि अर्पित की है।
मृत्युपूर्व राणाप्रताप की अपने राष्ट्र के प्रति चिंता का होना स्वाभाविक था क्योंकि अमर सिंह अभी शासन चलाने के लिए पूर्ण योग्य नहीं था। मंत्री, सामंतों और सरदारों के द्वारा इस जिम्मेदारी का भार उठाने के संकल्प ने राणा प्रताप को संबल प्रदान किया जिसका उल्लेख ‘अस्ताचल की ओर’ रचना में किया गया है तो ‘मेरे प्रताप’ रचना में राष्ट्र के प्रति नत रचनाकार ने अपने राष्ट्र पर गर्व करते हुए विभिन्न स्थलों जैसे हल्दीघाटी, यूरोप, आस्ट्रेलिया, मॉराशस, विनायक पीठ आदि स्थानों की अपनी यात्रा और वहाँपर राणाप्रताप, राणाप्रताप के अश्व चेतक आदि की विशाल मूर्तियों को देखकर असीम प्रसन्नता का अनुभव किया जिसे उन्होंने ‘मेरे प्रताप’ शीर्षक से कलमबद्ध किया है-


यूरुप-यात्रा के समय, हुआ बहुत हैरान
आस्ट्रिया क्रिस्टल म्युजियम, चेतक की थी शान।
मॉरीशस में भी सुना, था प्रताप का नाम
हर भारतवंशी करे, नितप्रति नमन प्रणाम। ( पृष्ठ-96)

'समय शिला पर लिखा' रचना के अन्तर्गत उन सबका उल्लेख किया गया है जिन्होंने अपने देश की रक्षा के लिए किसी न किसी रूप में अपना योगदान दिया। पन्ना धाय ने अपने पुत्र का बलिदान देकर राणा के पुत्र की रक्षा करके अपना कर्तव्य निभाया तो एक अश्व होते हुए भी चेतक ने मनुष्य की भाँति अपनी स्वामिभक्ति का चरम सीमा तक पालन किया। वीर जवानों ने जिन्होंने राणा प्रताप का साथ दिया, सभी के प्रति श्रद्धा सुमन रचनाकार ने अर्पित किए हैं।

संग्रह 'प्रताप महान' की 18वीं रचना 'चेतक' में रचनाकार ने राणा प्रताप के अश्व चेतक के रंग-रूप, गुण, चाल, बुद्धिमत्ता, शौर्य और जोश तथा शक्ति आदि का बहुत ही अद्भुत वर्णन किया है साथ ही हल्दीघाटी में बनाये गये चेतक के सुन्दर मंदिर का भी उल्लेख किया गया है-

हृदय फाड़कर रोया राणा, चेतक ने प्राण गंवाया था

हल्दीघाटी में वीर अश्व का, सुन्दर मंदिर बनवाया था। ( पृष्ठ-101)


अन्त में राष्ट्रवादी चिंतक, मनीषी बब्बर जी ने संग्रह की 19 वीं रचना में राणा प्रताप को नमन किया है।

20वीं रचना में रचनाकार ने चाटुकारों को लताड़ा है। उन्होंने इस बात पर भी प्रश्नचिन्ह लगाया है कि मुगलकाल के इतिहासकारों ने भारतीय राष्ट्रीयता की विवेचना निष्पक्ष होकर नहीं की। उन्होंने मुगलों की चापलूसी करते हुए तथ्यहीन, मनमानी विवेचना की।

पुस्तक की भूमिका लिखते हुए आचार्य डॉ.गौरांगशरण देवाचार्य जी ने भी इस प्रश्न को उठाते हुए लिखा है कि-

''क्या भारत का राष्ट्रीय पुरुष अकबर है जो छल-कपट तथा दूसरों पर आक्रमण कर उसे जीत लेने के पागलपन से युक्त था या हेमू जैसा साहसी व्यक्ति, जिसने विदेशी शासन को देश से उखाड़ फेंकने तथा दिल्ली पर स्वदेशी शासन पुनः स्थापित करने का प्रयत्न किया?

क्या राष्ट्र का प्रतिनिधि गोंडवाना की रानी पर अकारण आक्रमण करने वाला अकबर है या शत्रु द्वारा पकड़े जाने व अपमानित होने की आशंका से स्वयं छुरा घोंप कर बलिदान देने वाली रानी?

क्या राष्ट्र का प्रेरक, चित्तौड़ में 30000 हिन्दुओं का नरसंहार करने वाला अकबर है या महाराणा प्रताप का संघर्षमय जीवन, जिन्होंने मुगलों की अजेय सेनाओं को नष्ट कर दिया था।''

अन्त में विद्वान रचनाकार, साहित्यकार, वरिष्ठ पत्रकार, राष्ट्रीय चेतना के

संवाहक श्री विनोद बब्बर जी ने संग्रह की 21वीं रचना के माध्यम से मेवाड़ की धरती का गुणगान खुले दिल से करते हुए उस धरती की एक-एक विशेषता का उल्लेख इस रचना में किया है। निज परिवार की बजाय सम्पूर्ण राष्ट्र को अपना परिवार समझने वाले संत साहित्यकार ने हिन्द और हिन्दी की सेवा में अपना सम्पूर्ण जीवन समर्पित कर दिया। भारतीय संस्कृति के उदात्त गुणों से देश की युवा पीढ़ी को जोड़ने के लिए प्रयासरत श्री विनोद बब्बर जी ने चरितनायक राणा प्रताप के सभी विशिष्ट गुणों को इस संग्रह में प्रस्तुत कर अपने लेखकीय दायित्व का पूर्ण रूपेण निर्वहन किया है।

104 पृष्ठीय इस पुस्तक में यह स्पष्ट हो जाता है कि श्री राम जिस प्रकार आततायियों से पृथ्वी को मुक्त करने के लिए अवतरित हुए थे राणा प्रताप भी दुश्ट,आक्रमणकारी और आतताई यवनों से राष्ट्र की रक्षा के लिए अवतरित हुए अतः चाटुकार इतिहासकारों ने जो आततायियों को महिमामंडित किया है उस इतिहास के पुनर्लेखन की आवश्यकता है जिसमें राष्ट्र के लिए बलिदान होने वाले सच्चे राष्ट्र भक्तों का उल्लेख किये जाने की आवश्यकता है।

# 12

# जीवन का विस्तृत फलसफा प्रस्तुत करतीं लघुकथाओं का संग्रह : मैं नहीं जानता

शिक्षक से प्राध्यापक एवं प्राचार्य के पदों पर अपनी सेवाएं देने के बाद दैनिक ट्रिब्यून अखबार में मुख्य संवाददाता रहे, हिन्दी साहित्य की कहानी एवं लघुकथा विधाओं में साधिकार लेखनी चलाने वाले, शिक्षाविद्, पत्रकार एवं विद्वान साहित्यकार श्री कमलेश भारतीय ने अपनी लेखनी से 10 कृतियों का सृजन करके हिन्दी साहित्य में श्रीवृद्धि की है।

आप हरियाणा ग्रन्थ अकादमी के उपाध्यक्ष पद पर भी रहे साथ ही अकादमी की पत्रिका -'कथा समय' के सम्पादक भी रहे।

''मैं नहीं जानता'' उनका लघुकथा संग्रह है जिसमें उनकी 101 लघुकथाएं एवं लघुकथा पर केन्द्रित डॉ.लता अग्रवाल द्वारा लिया गया उनका साक्षात्कार भी समाहित किया गया है।

लघुकथा संग्रह-''मैं नहीं जानता'' में समाज और मनुष्य जीवन के विविध विषयों, सुख-दुःख, हानि-लाभ, यश-अपयश के विभिन्न रूपों को लघुकथा में पिरोकर इस प्रकार प्रस्तुत किया गया है कि पढ़ने के बाद पाठक उस विषय पर बहुत देर तक चिंतन करने पर अपने आप को वाध्य पाता है।

कमलेश भारतीय जी ने इस संग्रह की कुछ लघुकथाओं में दहेज रूपी कोढ़ को उद्घाटित किया है तो 'जन्मदिन', 'नामकरण', 'अगले जन्म मोहि...,' 'सात ताले और चाबी', 'यह कैसा स्वागत' आदि कुछ लघुकथाएं नारी होने की पीड़ा को अभिव्यक्त करती नजर आती हैं।

अक्सर नारी ही नारी की दुश्मन बनती आई है संग्रह की लघुकथा-हार' भी ऐसा ही कुछ प्रकट कर रही है किन्तु इस संग्रह की लघुकथा -"मैं तुम्हें प्यार नहीं करती" इस बात को अपवाद सिद्ध करते हुए सम्बन्धों की शुचिता का आग्रह करती नजर आती है-

"जब एक औरत द्वारा अपना पति छीन लिए जाने का दुःख भोग रही हूँ तब तुम मुझसे यह उम्मीद कैसे करते हो कि मैं अपना घर बसाने के लिए किसी का बसा बसाया घर उजाड़ दूंगी? मैं तुम्हें बिल्कुल मोहब्बत नहीं करती।" (पृष्ठ -22)

नारी की परतंत्रता और नारी के शोषण के विविध रूपों का उल्लेख करती लघुकथाएं हैं-'शर्त', 'मैं खूबसूरत हूँ पर', 'आज का रांझा' तथा 'स्त्री', तो 'मन का चोर' एक ऐसे पति की लघुकथा है जो कल्पना में अपनी पत्नी की जगह किसी अन्य स्त्री को बसाये रखता है। वहीं प्रेम को व्याख्यायित करती लघुकथा है-'बहुत दिनों बाद'।

प्रेम के विभिन्न रूपों को बहुत ही बारीकी से कई लघुकथाओं के द्वारा व्याख्यायित किया गया है इस संग्रह में। जिनमें पारिवारिक प्रेम भी प्रेम ही होता है, मात्र दिखावा ही प्रेम नहीं होता, इस बात की पुष्टि करती नजर आती है संग्रह की लघुकथा-'कसौटी', तो प्रेम प्रेम होता है जब चाहत दोनों ओर बराबर की हो, इस बात को रूपायित करती लघुकथा है-'सर्वोत्तम चाय'। प्रेम में साहस का होना, प्रेम की परिपक्वता यानि लक्ष्य तक पहुँचाने में सहायक होता है अन्यथा अपने प्रेम को खो देना पड़ता है, इस बात को दर्शाती लघुकथा है-'कायरता'। पति-पत्नी के बीच के प्यार को प्रदर्शित करने वाली संग्रह की लघुकथा है-'कुछ खास नहीं'।

विभिन्न बातों को मुद्दा बनाकर लड़ने के श्रोत खोजते इंसान को राह दिखाती लघुकथा है-'चौराहे का दिया' तो धर्म और जाति-पांति के आधार पर बंटते हुए इंसान का खुलासा करती लघुकथाएं हैं-'सवाल', 'ये घर किसका है' आदि।

कभी-कभी परिस्थितियों के वशीभूत हुआ इंसान, घर-परिवार और समाज के विरोध को सहन करते-करते इतना बदल जाता है कि वह अपने अतीत से भी छुटकारा पाना चाहने लगता है। ऐसे ही विवश इंसान की बात प्रस्तुत करती लघुकथा है इस संग्रह की शीर्षक लघुकथा- 'मैं नहीं जानता'।

आपसी सम्बन्धों के महत्व को दर्शाती हुई संग्रह की लघुकथाओं में जिनका नाम लिया जा सकता है वे हैं-'मेरे अपने', 'रिश्ते', 'उपहार', 'सेलिब्रिटी' आदि।

कुछ लोगों पर अपने देश से अधिक पाश्चात्य की संस्कृति अधिक प्रभाव छोड़ती है। इस बात की ओर भी लघुकथाकार का ध्यान गया है और उन्होंने लघुकथा दी हैं- 'बैग' तथा 'डर' तो लघुकथा-'कितनी चाबियाँ' भी परिवार के उन सदस्यों की स्थिति को स्पष्ट कर रही है जो पाश्चात्य जीवन शैली पर अति भौतिकता की दौड़ में बेतहासा दौड़ रहे हैं। यानि जिस तरह कोई व्यक्ति होटल के कमरे में आकर ठहरता है, परिवार का हर सदस्य भी घर की चाबी अपने-अपने पास रखता है और जब लौटता है तो बिना एक-दूसरे को डिस्टर्ब किए अपनी चाबी का प्रयोग करता है। और इसी भावभूमि को आगे बढ़ाते हुए कमलेश भारतीय जी ने जीवन की उस आपाधापी को, जिसमें इंसान अपने विगत की मोहक यादों को भी भुला बैठता है, व्यक्त किया है- 'ऐसे थे तुम' तथा 'खोया हुआ कुछ' लघुकथाओं के माध्यम से।

कमलेश भारतीय जी के जीवनानुभव बहुत विस्तृत हैं इसलिए उनके इस लघुकथा संग्रह -''मैं नहीं जानता'' में जीवन के विविध रूपों का बहुत ही सजीव चित्रण करती हुई लघुकथाओं का विपुल भण्डार है।

बच्चे जैसा बड़ों को करते हुए देखते हैं वैसा ही अनुसरण वे करने लगते हैं, इस बात की पुष्टि करती हुई लघुकथा है-'जीवन और चौराहा' तो गतानुगति को लोको की पुष्टि करती हुई लघुकथा है-' ईश्वर का जन्म'।

गरीबों के बच्चे बहुत कम उम्र में ही समझदार हो जाते हैं इस बात की पुष्टि करती हुई लघुकथाएँ हैं-'समझ' तथा 'शर्मिंदा' वहीं मंहगाई से त्रस्त मानव की हालत को दर्शाती लघुकथाएं हैं-'दहशत' तथा 'गुनहगार'।

गरीब-अमीर के भेद को दर्शाती संग्रह की लघुकथा है-'फटकार' तो भ्रष्टाचार के विविध रूपों को व्याख्यायित करने वाली संग्रह में कई लघुकथाएँ हैं जैसे- 'तंत्र और आदमी', 'विश्वास', 'अपने आदमी', 'ईमानदारी', 'बस इतनी सी बात', 'असलियत', 'लेखक और पुरस्कार' तथा 'तिलस्म', 'दौड़' तथा 'कारण', 'राजनीति के कान' आदि।

कमलेश भारतीय जी ने साहित्यकार, पत्रकार, शिक्षक और प्रशासनिक अधिकारी आदि अनेक रूपों में जिन्दगी के विभिन्न रूपों को करीब से देखा-परखा है। वही जीवनानुभव और अनुभूतियाँ उनकी लघुकथाओं में स्पष्ट देखे जा सकते हैं।

किसान जो पूर्ण रूप से प्रकृति और दैव पर निर्भर रहता है ऊपर से दलालों की दलाली भी उसे झेलनी होती है की बेचारगी को भी लघुकथा-'ओले' के माध्यम से व्यक्त किया गया है तो पेट की भूख को शान्त करने के लिए चालाकी का सहारा लेते आदमी की स्थिति को व्यक्त किया गया है-'भिखारी' तथा 'मस्तराम जिंदाबाद' लघुकथाओं में। वहीं गरीबी की मजबूरियों को व्यक्त किया गया है-'अंगूठा', 'बचपन', 'कसैला स्वाद' आदि लघुकथाओं के द्वारा और गरीबों द्वारा निष्छल सेवाभाव को व्यक्त करती हुई लघुकथा है-'दुविधा' वहीं सामन्तवाद पर श्रमिक वर्ग की जीत को दर्शाती हुई लघुकथा है-'श्रमसंगीत'।

संग्रह में कुछ लघुकथाओं-'समाज सेवा', 'शौक' तथा 'फीता और जेब' के माध्यम से समाज सेवा के नाम पर दलाली करने वालों का भी कच्चा चिट्ठा बांचा गया है तो लघुकथा-'जल्दबाजी' में शव वाहन के ड्राइवर की, 'सहानुभूति' में विकलांगों की सेवा का दिखावा करने वालों की तथा 'इश्तिहार' में ताबूत खरीदने के लिए दुबारा आने का आमंत्रण का विज्ञापन, सभी इंसान की संवेदनहीनता को प्रकट करने वाली लघुकथाएं हैं तो संवेदनशीलता को दर्शाती लघुकथा-'सबसे खूबसूरत मुस्कान' भी है।

पुलिस विभाग की कार्यप्रणाली को दर्शाती लघुकथाएँ हैं-'पुलिस कार्यवाही' और 'कार्यवाही'।

मनुष्य के स्वाभिमान को व्यक्त करती लघुकथा है-'स्वाभिमान' वहीं पद के अहंकार और अधीनस्थों की मजबूरी को -'बासी धूप' और 'पहचान' के माध्यम से स्पष्ट किया गया है।

यह सत्य है कि हम दूसरों का सम्मान करके ही स्वयं के सम्मान के अधिकारी बनते हैं जिसे विद्वान लघुकथाकार कमलेश भारतीय जी ने लघुकथा-'खण्डित मूर्ति' के माध्यम से अभिव्यक्त किया है।

अपनी बहन, बहन होती है और दूसरों की बहन, बहन नहीं होती, ऐसी दोहरी मानसिकता रखने वालों पर करारा चांटा जड़ती संग्रह की अच्छी लघुकथाएं हैं- 'संस्कृति', 'सबसे बड़ी खुशी' और 'नेगेटिव'।

कलयुग के प्रभाववश आज की संतति बुजुर्गों तथा वृद्ध माता-पिता को धोखा देने से भी नहीं चूकती। किन्तु माता-पिता फिर भी अपनी संतति का बुरा नहीं चाहते। वृद्ध माता-पिता की सम्पत्ति को हड़पने का प्रयास करते ऐसे ही पुत्र-पुत्रवधु की नीयत का खुलासा करती लघुकथा है-'लापता' तो माता-पिता का अपमान करके बड़ा बने आदमी को भी झुकना ही पड़ता है या कहें कि दो नम्बर की कमाई में सिर को नीचा होना ही पड़ता है, इसी बात की ओर इशारा करती लघुकथा

है-'कारोबार' तो सफलता प्राप्ति के लिए अपनाया गया हर शॉर्टकट दुर्गंधपूर्ण ही होता है इस बात की पुष्टि करती हुई लघुकथा हैं-' शॉर्टकट' और 'मैं और आप'।

मनुष्य के सोचने की दिशा पर निर्भर करता है कि वह गिलास को आधा खाली समझता है या आधा भरा। एक साहित्यकार का दायित्व होता है कि वह समाज में मधुरता भरने का और समाज को जोड़ने का प्रयास करे न कि तोड़ने का। श्री कमलेश भारतीय जी इस कार्य में सिद्धहस्त हैं। संग्रह की लघुकथा-'उपहार' की नायिका पड़ोसी के घर में लगे पौधे से अपने घर में बिखर जाने वाले फूलों से तंग आकर उलाहना देती है और पड़ोसियों को पेड़ कटवा देने के लिए अपने पति से कहती है। इस पर पति का जबाव सुनकर नायिका मुस्करा उठती है-

*" मैंने हँसते हुए इतना ही कहा कि ये कितने अच्छे पड़ोसी हैं जो सुबह-सुबह हमारे आँगन में उपहार के तौर पर फूल बिखेर देते हैं, वर्ना पड़ोसी तो कब, कितने कांटे बिखेर दें, कौन रोक सकता है।"*(पृष्ठ -68)

कुल मिलाकर लघुकथा संग्रह की अधिकांश लघुकथाएँ अपनी मार्मिकता से पाठक के हृदय पर अपना प्रभाव छोड़ने में पूर्ण सक्षम हैं तथा उसे चिंतन करने पर विवश करती प्रतीत होती हैं। कहना अतिशयोक्ति नहीं होगा कि लघुकथा के सभी मापदण्डों का पालन करते हुए जीवन का विस्तृत फलसफा प्रस्तुत करतीं लघुकथाओं का संग्रह है-'मैं नहीं जानता'।

संग्रह का मुद्रण त्रुटिहीन एवं साफ-सुथरा है। त्रुटिवश लघुकथा-'मैं तुम्हें प्यार नहीं करती' पृष्ठ -22 तथा 44 पर भी, दो जगह प्रकाशित हो गई है।

# 13

# जीवन के विविध रंगों का विस्तृत चित्रण प्रस्तुत करती लघुकथाओं का संकलन : समसामयिक हिन्दी लघुकथाएँ

रेलवे में सीनियर सेक्शन इंजीनियर के पद पर कार्यरत और हिन्दी साहित्य की विविध विधाओं में साधिकार लेखनी चलाने वाले, विद्वान साहित्यकार श्री त्रिलोक सिंह ठकुरेला ने अपनी लेखनी से कई कृतियों का सृजन करके हिन्दी साहित्य में श्रीवृद्धि की है। वहीं उन्होंने समसामयिक हिन्दी लघुकथाएँ (लघुकथा संकलन) का सम्पादन करके यह सिद्ध कर दिया है कि वह पत्रकारिता और सम्पादन कला में भी निपुण हैं।

"समसामयिक हिन्दी लघुकथाएँ" में उन्होंने 11 लघुकथाकारों (प्रो.रूपदेवगुण, मुरलीधर वैष्णव, गोविन्द शर्मा,प्रभात दुबे, रमेश मनोहरा, किशनलाल शर्मा, डॉ. राम कुमार घोटड़, ज्योति जैन, नदीम अहमद नदीम, पंकज शर्मा और वह स्वयं त्रिलोक सिंह ठकुरेला) की उत्कृष्ट 11-11 लघुकथाएँ यानि

कुल 121 लघुकथाएँ समाहित की हैं।

प्रो. रूपदेवगुण की लघुकथा 'लक्ष्मी' उन धनिकों पर व्यंग्य है जो अपनी धन सम्पदा के आगे विद्वानों का भी महत्व नहीं समझते तो लघुकथा 'आँखों के सामने', समान अनुशासन की मांग करती है।

मुरलीधर वैष्णव जी की लघुकथा-'चुग्गा' में एक ऐसे भाई का चरित्र उद्घाटित किया गया है जो माता-पिता की सम्पत्ति में बहन के हक को मारने के लिए राखी बंधवाने के बहाने बहन से हकनामे पर अंगूठा लगवा लेता है।

वैष्णव जी की ही लघुकथा-गांधारी' उन आधुनिक माँओं के गाल पर तमाचा है जो माँ के कर्तव्यों को न निभाकर गांधारी की तरह अपनी आँखों पर पट्टी बांधे रहती हैं और जब दुर्योधन की तरह ही उनकी संतति भी कुमार्गगामी हो जाती है तो फिर पछताती हैं।

गोविन्द शर्मा जी की लघुकथा-'नया जवाब' में एक छात्रा, नेत्रहीन पति मिलने पर क्या करोगी के उत्तर में जो कहती है वह सकारात्मक सोच का अद्भुत उदाहरण कहा जा सकता है। वह कहती है कि मैं अपने पति को अपनी एक आँख दे दूंगी।

रमेश मनोहरा जी की लघुकथा-'एक जैसे' पुलिस की कार्यशैली पर प्रश्नचिन्ह लगाती है तो किशनलाल शर्मा जी की वारिस और स्वार्थी रिश्ते, दोनों लघुकथाएँ मनुष्य की स्वार्थपरता की ओर इशारा कर रही हैं।

कुछ सामाजिक दुर्बलताओं और सर्वहारा वर्ग की चारित्रिक श्रेष्ठता को रामकुमार घोटड़ की लघुकथा-'कुत्तापना' बहुत ही सहज तरीके से अभिव्यक्त कर रही है।

सोशल मीडिया ने जहाँ मनुष्य की बहुत सारी जरूरतों की पूर्ति की है वहीं उसने सामाजिक विकृतियाँ भी उत्पन्न की हैं। सुश्री ज्योति जैन की लघुकथा-''चैटिंग'' बहुत ही सुन्दर तरीके से इस बात की पुष्टि करती नजर आती है।

चाटुकार इतिहासकारों ने देश के लिए वलिदान होने वाले शहीदों के नामों का उल्लेख इतिहास में करना उचित नहीं समझा फलस्वरूप आम जनता के बीच उनके नाम को पहचानने वालों की गिनती भी न के बराबर है। इसी ओर इशारा करती नदीम अहमद नदीम की लघुकथा है-'ये कौन थे?'

किन्ही दो व्यक्तियों के बीच वैचारिक मतभेद हो सकते हैं किन्तु आपसी मतभेद नहीं होना चाहिए इसी बात को बहुत ही सुन्दर रूप में स्पष्ट करती एक उत्कृष्ट लघुकथा है संकलन के सम्पादक त्रिलोकसिंह ठकुरेला जी की आस्था तो इन्हीं की एक और उत्कृष्ट लघुकथा इस संकलन में है जो माँ के महत्व को प्रतिपादित करती है और बताती है कि जहाँ माँ का सम्मान नहीं वहाँ ईश्वर भी

निवास नहीं करता वह लघुकथा है-'अंतर्ध्यान'।

भ्रष्टाचारी व्यक्ति कितना भी छुपकर काम करे पर उसकी अन्तरात्मा सब जानती है और उसे धिक्कारती भी है। पंकज शर्मा जी की लघुकथा-'थप्पड़' बहुत कम शब्दों में भ्रष्टाचारी के थप्पड़ मारती नजर आती है।

कुल मिलाकर लघुकथा संकलन समसामयिक हिन्दी लघुकथाएँ की अधिकांश लघुकथाएँ अपनी मार्मिकता से पाठक के हृदय पर अपना प्रभाव छोड़ने में पूर्ण सक्षम हैं तथा उसे चिंतन करने पर विवश करती प्रतीत होती हैं। कहना अतिशयोक्ति नहीं होगा कि लघुकथा के सभी मापदण्डों का पालन करते हुए सकारात्मक सोच की उत्कृष्ट लघुकथाओं का संकलन है-' समसामयिक हिन्दी लघुकथाएँ '।

# 14

# यथार्थ के धरातल पर उपजी, वातावरण को सुगन्धित करने का प्रयास करती लघुकथाओं का संग्रह- रोशनी के अंकुर

हिन्दी, राजनीतिशास्त्र और इतिहास में स्नातक, विदुषी साहित्यकार श्रीमती सविता मिश्रा "अक्षजा" ने हिन्दी साहित्य की कहानी, व्यंग्य, कविता, आलेख और लघुकथा आदि विविध विधाओं में अपनी लेखनी चलाई है।

उनके लघुकथाओं के संग्रह-"रोशनी के अंकुर" में उनकी 101 चुनिंदा लघुकथाओं को समाहित किया गया है। वरिष्ठ लघुकथाकार डा.अशोक भाटिया जी ने इस लघुकथा-संग्रह की भूमिका में कहा है कि- "इस संग्रह की अधिकतर लघुकथाएँ पारिवारिक धरातल के विभिन्न आयामों को रेखांकित करती हैं साथ ही समाज और राजनीति में व्याप्त विद्रूप पर भी सविता मिश्रा की दृष्टि गई है।

मैंने संग्रह की पूरी 101 लघुकथाओं को पूरे मनोयोग से पढ़ा है और मैं कह सकता हूँ कि संग्रह की लघुकथाओं का फलक बहुत विस्तृत है। इसमें पुरानी पीढ़ी

और नई पीढ़ी के तुलनात्मक अन्तर को भी देखा जा सकता है तो शिक्षा के महत्व को भी दर्शाने का पूर्ण प्रयास परिलक्षित होता है।

दहेज के कोढ़ की ओर भी एक-दो लघुकथा इशारा करती नजर आती है तो नारी जाग्रति की बात करते कई लघुकथाएँ नजर आती हैं। दाम्पत्य जीवन के खट्टे-मीठे अनेक अनुभवों पर संग्रह में कई लघुकथाएँ हैं तो धर्म और पूजा-पाठ के नाम पर रचते ढोंग को नकारती लघुकथाएँ सविता मिश्रा जी की लेखनी से निसृत हुई हैं।

नारी सशक्तीकरण, नारी उत्पीडन, नारी का महत्व और नारी उद्धार सम्बन्धी लघुकथाएँ भी अपने प्रभावशाली प्रस्तुतीकरण के कारण उत्कृष्ट लघुकथाएँ बन पड़ी हैं।

वर्तमान युग की देन-कैरियर के चक्कर में अविवाहित रहे जा रहे बच्चों की पीड़ा भी लघुकथा के माध्यम से प्रकट की गई है।

निष्कर्षतः कहना अतिशयोक्तिपूर्ण नहीं होगा कि श्रीमती सविता मिश्रा जी ने इन लघुकथाओं के माध्यम से जीवन के कोने-कोने को झाँकने का प्रयास तो किया ही है अपनी लघुकथाओं में सकारात्मकता का पुट देकर घर-परिवार और समाज को सुगन्धित करने का प्रयास भी किया है।

गाँव में रह रहे अपने वृद्ध सास-ससुर को सर्वधाम लघुकथा के माध्यम से चारों धाम की संज्ञा देकर सविता जी ने बुजुर्गों के प्रति जो सम्मान प्रकट किया है वह भटके हुए परिवारों के दम्पत्तियों को राह दिखाती नजर आती है। फोन पर बातचीत के दौरान सुमन ने अपनी जिठानी को जब बताया कि परिवार चारों धाम की यात्रा करके लौटा है तो सुमन से उसकी जिठानी सख्त नाराज हो जाती है और शिकवा करते हुए फोन काट देती है कि सुमन ने उसे चारोंधाम की यात्रा पर चलने के लिए क्यों नहीं कहा। वह भी सपरिवार चलती।किन्तु जब जिठानी को चारोंधाम के बारे में पता चलता है तो वह चुप लगा जाती है।

थोड़ी देर में सुमन फिर फोन मिलाकर बोली--"दीदी गुस्सा ठंडा हुआ हो तो सुनिए, आपसे पूछा था मैंने।"

"कब पूछा तुमने? गुस्से में जिठानी बोली।"

"महीनेभर पहले ही जब बात हुई थी तभी मैंने आपसे पूछा था कि आप अम्मा-बाबूजी के पास इस गर्मी की छुट्टी में गाँव चलोगी।"

अब दूसरी तरफ शान्ति फैल गई थी। (सर्वधाम , पृष्ठ-81)

कई मायनों में नई जेनरेशन अधिक होशियार है, इस बात को सिद्ध करती संग्रह की लघुकथा-"माँ अनपढ़" है तो शिक्षा के महत्व को दर्शाती लघुकथा-"मात

से शह" तथा "कांटों भरी राह" है।

रिश्तों में पैदा होती खटास-"मीठा जहर" में तो नारी के नये जाग्रत रूप को लघुकथाओं-"बदलाव, यक्ष प्रश्न, सबक, नशा, हिम्मत, सीमा, मात से शह और कसक में देखा जा सकता है-

जब तक दोनों बिल्कुल पास आतीं, गार्ड तब तक बीड़ी से एक लम्बा कश ले चुका था। बीड़ी का धुआँ अन्दर जाते ही , अन्दर का शैतान चेहरे पर विराजमान हो गया। उन दोनों को बगल से जाते देखकर, गार्ड ने बीड़ी के धुएँ को उन पर छोड़ दिया।

चेहरा फिर बैक याई की ओर घुमाते समय, उसके मुखड़े पर शैतानी मुस्कान टहल गई।

उधर निढाल नीता, जब बीड़ी के धुएँ से प्रभावहीन हुई तो वह फुर्ती से पलटी और गार्ड के बदरंग चेहरे पर खींचकर एक तमाचा जड़ दिया।

जब तक कोई कुछ समझ पाता, वह गुर्राई, "आँखें गार्डी करने में सजग रखो, लड़कियों के बदन नहीं, समझे? यह थप्पड़ सिर्फ आगाह करने के लिए है। आगे से तुम्हारी नजर उठी तो हड्डियाँ तोड़ दूंगी।" (हिम्मत, पृष्ठ-141, 142)

आज कल शहरी जीवन यंत्रवत हो गया है। अधिकांश लोग अपनी आपाधापी में अथवा अपने ईगो के कारण एक-दूसरे से कोई सम्बन्ध नहीं रखते। गाँव या विपन्न जन समुदाय जैसा मेल-मिलाप, एक-दूसरे से बातचीत की ललक इन तथाकथित सम्पन्नजनों में दिखाई नहीं पड़ती। इसी बात को सविता जी ने अपनी लघुकथा-"सम्पन्न दुनिया" के माध्यम से सहज ही में दर्शा दिया है-

"नहीं बेटा, टाइमिंग तो एक ही है परन्तु इनमें इंसानियत नहीं है, सब रोबोटिक्स हैं। तू लेकर चल मुझे वहीं, जहाँ एक-दूसरे का दुख-दर्द पूछने वाले ढेरों इंसान रहते हैं।" (सम्पन्न दुनिया, पृष्ठ-18)

दाम्पत्य जीवन के उतार-चढ़ाव, दाम्पत्य की समस्याएँ, संदेह, और सुख-दुख अनेक बातों का विश्लेषण, करती, अर्थ पदान करती, समस्याओं का हल प्रदान करती और उलझनों को सुलझाती इस संग्रह की लघुकथाओं में आहट, प्यार की महक, कागज का टुकड़ा, तुरपाई, समय का फेर, खुलती गिरहें, हस्ताक्षर और भाग्य का लिखा आदि का उल्लेख किया जा सकता है।

तुरपाई के बहाने माँ के द्वारा बेटी के दाम्पत्य को बिखडित होने से कैसे सहज रूप से बचा दिया है सविता जी ने प्रशंसनीय है।-

"माँ देखो तो यह धागा कितना उलझ गया है कब से सुलझा रही हूँ सुलझने का नाम ही नहीं ले रहा।"

दोनों चीजों को लेकर माँ वहीं बैठ गई। धागा सुलझाती हुई वह बेटी पर तिरछी नजर डालते हुए बोली-

"थोड़ा समय देकर अपने और उदय के रिश्ते को सुलझाती तो कब का सुलझ जाता। शादी के दो महीने में ही एक छोटे से झगड़े के कारण अपने रिश्ते को तुमने क्रोधाग्नि के हवाले कर दिया।"

माँ के समझाइश भरे शब्द बेटी के गाल पर तमाचे से पड़ रहे थे। वह तमतमाकर उठी और अपनी अटैची लगाने लगी।

अब कहाँ जाने की तैयारी है?

"ससुराल जा रही हूँ। तुम चाहती हो न कि इस धागे की तरह उलझी जिन्दगी जिऊं, फटे कुरते पहनूं, तो यही सही, अब मैं वहीं रहूंगी। भले मुझे कुड बुरा लगे या भला।"

माँ मुस्कराकर बोली-"ले, तेरी सूई का धागा तो सुलझ गया। और कुरता भी ठीक कर दिया मैंने।"

बेटी ने कुरते को ध्यान से देखा,छेद पर रफू इतनी बारीकी से हुआ था कि पता ही नहीं चल रहा था।

"मम्मी तुम न आतीं तब तो मैं परेशान होकर इसे काट चुकी होती। कैसे किया तुमने?"

"बेटा प्यार और थोड़ी सहनशीलता से बड़ी-बड़ी उलझन सुलझ जाती हैं, क्रोध में तो वही होता है जो तुम करने वाली थीं।"

कुरता पहन बेटी ने माँ के गलबहियाँ डाल दीं।

माँ बिटिया को पुचकारते हुए बोली-"ठहर, मैं दामाद जी को फोन करती हूँ, वो खुद आकर तुम्हें ले जायेंगे।"

मंद-मंद मुस्कराती हुई बेटी ने माँ के गर्दन पर अपनी बाँहों का दबाव बढ़ा दिया था। (तुरपाई पृष्ठ-28)

इसी तरह की अन्य उत्कृष्ट लघुकथाओं में समय का फेर,खुलती गिरहें,माँ की सीख,चारों धाम और बेटी, आदि कई लघुकथाएँ हैं जो अपनी सकारात्मक सोच के कारण अति उत्कृष्ट लघुकथा बन पड़ी हैं। और जो सिद्ध करती हैं कि श्रीमती सविता मिश्रा जी लघुकथा लेखन में पारंगत रचनाकार हैं।

घर-परिवार, और आसपास के समाज से लिए गये कथानक पर बुनी गई इस सग्रह-"रोशनी के अंकुर" की सभी लघुकथाएँ यह आभास नहीं होने देतीं कि यह लघुकथा संग्रह उनका प्रथम लघुकथा संग्रह है।

बल्कि विदुषी साहित्यकार श्रीमती सविता मिश्रा "अक्षजा" के घनीभूत अनुभव एवं अनुभूतियों की परिपक्वता, ग्राह्यता और पैनी दृष्टि की प्रशंसा को उद्यत करती हैं।

भाषा-शैली सहज एवं सरल आम बोलचाल की भाषा का प्रयोग सविता जी ने किया है।

# 15

# सम्भावना जगाती लघुकथाओं का संग्रह- अब न अंगूठा छाप

मंत्रिमण्डल सचिवालय (राजभाषा) विभाग, बिहार के अंशानुदान से प्रकाशित, नवोदित साहित्यकार श्री सुमन कुमार का प्रथम लघुकथा संग्रह-'अब न अंगूठा छाप' मेरे सामने है

सुमन कुमार लघुकथा के अतिरिक्त भी हिन्दी साहित्य की विविध विधाओं में सक्रिय रूप से लेखन कर रहे हैं और उनकी अनेक रचनाएँ प्रतिष्ठित समाचार पत्रों में एवं पत्रिकाओं में निरन्तर प्रकाशित होती रहती हैं। इतना ही नहीं वह एक अच्छे चित्रकार भी हैं।

48 पृष्ठीय इस संग्रह में 36 लघुकथाएँ समाहित की गई हैं। जिसमें 'अब न अंगूठा छाप' शीर्षक लघुकथा प्रौढ़ शिक्षा की सार्थकता को दर्शाती लघुकथा है तो गरीबी,गरीब के शोषण और अमीर-गरीब की मजबूरियों आदि के बारे में दर्शाती हुई लघुकथाएं हैं- -'बूढ़े होते हाथ', फर्क की संवेदना तथा 'कला की कीमत'।

स्वार्थवश अपने खून के रिश्ते भी सम्बन्धों को नकार देते हैं इस बात को पुष्ट करती हुई लघुकथा है- 'बेटे होकर' तो सम्बन्धों में छल करते लोगों की मानसिकता को दर्शाती है- 'कागज बोल उठा'।

इस संग्रह की कुछ लघुकथाएं मानवता व सकारात्मक सोच का पुरजोर समर्थन करती अच्छी लघुकथाएं हैं जैसे- 'आवश्यक' और 'दूसरी रुलाई' तथा 'दर्द'

संयोग' आदि। कुछ लघुकथाओं में प्रयोग किए गये ठेठ आंचलिक शब्द जैसे- 'टांगूर-मांगूर' 'लजपच्ची' सर्वत्र स्वीकारता को बाधित अवश्य करते हैं।

यूं तो सुमन कुमार का यह प्रथम लघुकथा संग्रह है किन्तु उनकी कथानक चुनने की सजगता, कथ्य की बारीकी से पकड़ और उसके प्रस्तुतीकरण की समझदारी उन्हें नवोदित से इतर सिद्ध करने के लिए पर्याप्त है।

प्रख्यात् साहित्यकार डॉ.भगवती प्रसाद द्विवेदी जी ने इस पुस्तक की भूमिका में सुमन कुमार के बारे में सही लिखा है कि-

'वह बिना किसी लाग-लपेट के सामाजिक विसंगतियों-विद्रूपताओं पर रोशनी डालते हैं और सहज ढंग से विरोधाभास अथवा अंतर्विरोधों पर करारा व्यंग्य भी करते हैं।'

# 16

# डॉ.जगदीश व्योम के श्रम और साधना का सुफल : एतिहासिक दस्तावेज : हिन्दी हाइकु कोश

हिन्दी साहित्य की विविध विधाओं, कहानी, लघुकथा, बालकहानी, बाल उपन्यास और गीत, नवगीत तथा हाइकु आदि में समान अधिकार से लेखनी चलाने वाले वरिष्ठ साहित्यकार डा. जगदीश व्योम का नाम किसी परिचय का मोहताज नहीं है।

आप शिक्षा निदेशालय, दिल्ली सरकार से उप शिक्षा निदेशक के पद से सेवानिवृत्ति के उपरान्त स्वतंत्र लेखन में पूर्णतः संलग्न हैं।

डॉ.जगदीश व्योम के गत 15 वर्ष के अथक परिश्रम एवं साधना के फलस्वरूप हिन्दी हाइकु कोश का प्रकाशन हुआ है।

5-7-5 के वर्णक्रम में मात्र 17 अक्षर की जापानी कविता, हाइकु कहलाती है जो आज केवल जापान तक ही सीमित नहीं रही अपितु विश्व की अधिकांश भाषाओं में रची जा रही है। भारत देश में हाइकु के उन्नायक और दिशा वाहक के रूप में प्रो.सत्यभूषण वर्मा का नाम उल्लेखनीय है जिनको जवाहरलाल नेहरू

विश्वविद्यालय, नई दिल्ली ने 1981 में -'जापानी हाइकु और आधुनिक हिन्दी कविता'' विषय पर पी-एच.डी प्रदान की थी। प्रो.सत्यभूषण वर्मा जी ने ही पहली बार अधिकारिक रूप से स्पष्ट किया था कि हाइकु 5-7-5 के वर्णक्रम में 17 अक्षरीय कविता है।

प्रो.नामवर सिंह का कथन है, ''हाइकु एक संस्कृति है, एक जीवन पद्धति है। इसमें एक भावचित्र बिना किसी टिप्पड़ी के , बिना किसी अलंकार के प्रस्तुत किया जाता है, और यह भावचित्र अपने आप में पूर्ण होता है।

लगभग छह दशक से अधिक समय से हिन्दी में हाइकु लेखन जारी है। अनेक रचनाकार हाइकु के सृजन में रत हैं। उन अनेक सृजनकर्ताओं में से उत्कृष्ट को ''सार-सार को गहि रहें, थोथा देय उड़ाय'' की जटिल प्रक्रिया से गुजरते हुए लगभग पन्द्रह वर्ष के अथक परिश्रम और अनवरत साधना के द्वारा मथानी द्वारा मथे गये मट्ठे से निकले नवनीत की भाँति ही डॉ. जगदीश व्योम ने इस हाइकु कोश को प्रस्तुत किया है।

बीसियों हजार हाइकु कविताओं में से उत्कृष्ट हाइकु कविताओं का चयन पूरी लगन, एकाग्रता तथा निष्ठा के साथ करके इस हाइकु कोश में डॉ. जगदीश व्योम ने एक हजार पिचहतर हाइकुकारों के छह हजार तीन सौ छियासी हाइकु कविताओं को समाहित किया है जो अपने आप में एक एतिहासिक एवं अभूतपूर्व कार्य है।

इस हाइकु कोश की भूमिका प्रख्यात साहित्यकार श्री कमलेश भट्ट कमल जी द्वारा लिखी गई है जिसमें भूमिका-''हिन्दी हाइकु कविता का व्योम' के बहाने उन्होंने पूरे 24 पृष्ठ में हाइकु के उद्भव और विकास सन्दर्भित सुस्पष्ट तथ्यों को प्रस्तुत करते हुए अपने आप में पूर्ण शोध आलेख प्रस्तुत किया है।

डॉ.जगदीश व्योम के श्रम और कठिन साधना का अनुमान इस बात से भी लगाया जा सकता है कि इस हाइकु कोश में समाहित की गई हाइकु कविताओं को उनके रचनाकारों के माध्यम से मंगाकर एकत्रित नहीं किया गया । इस सन्दर्भ में डॉ.जगदीश व्योम अपनी बात के अन्तर्गत स्वयं बताते हैं कि-

*''मैंने हाइकु संग्रहों, संकलनों, पत्र-पत्र-पत्रिकाओं, वेब पत्रिकाओं आदि के महासमुद्र को मथकर कुछ अच्छे हाइकु प्रस्तुत करने का विनम्र प्रयास किया है।'' .....यह भी यहाँ बताना अनुचित न होगा कि हाइकु कोश के लिए किसी भी हाइकुकार से हाइकु मंगाये नहीं गए। सभी हाइकु विभिन्न श्रोतों से खोजे गये हैं।''* (पृष्ठ-35)

इस हाइकु कोश के कुछ हाइकु-

अतिभौतिकतावादी युग में इंसान अपनी इंसानियत को खोता जा रहा है। यही भाव कितने सटीक रूप से प्रकट कर रहा है यह हाइकु -

इर्द-गिर्द हैं
साँसों वाली मशीनें
इंसान कहाँ।

डॉ.जगदीश व्योम (पृष्ठ-77)

मानव मन की कुटिलताएँ उसे सहज कहाँ रहने देती हैं। कितना कटु सत्य कहा गया है इस हाइकु में-

कौन मानेगा
सबसे कठिन है
सरल होना।

कमलेश भट्ट कमल (पृष्ठ-145)

और जहाँ हर तरफ झूठ का बोलबाला हो वहाँ सच्चे इंसान का आहत होना तो स्वाभाविक ही है। इसी कटु सत्य को इस हाइकु में दर्शाया गया है-

झूठों का मेला
लहूलुहान अब
सत्य अकेला।

सागर पाठक (पृष्ठ-252)

संतान की उत्पत्ति के सुख की कल्पना मात्र से ही असीम पीड़ा को भी सहन कर लेने वाली माँ के लिए लिखा गया अद्भुत हाइकु-

कराह रही
पी रही है दर्द को
रचती सृष्टि।

सुषमा चौरे (पृष्ठ-113)

और जीवन की आपाधापी में व्यस्त शहरी जीवन का वर्णन कैसे सहज रूप में कर दिया गया है एक छोटे से हाइकु में-

आठों पहर
दौड़े बदहवास
महानगर।

लक्ष्मीशंकर वाजपेयी (पृष्ठ-65)

झूठों के बीच एक सच्चे इंसान की व्यथित मनोदशा को दर्शाता यह हाइकु-

कैसे चलता

झूठ की दुनिया में
सच के साथ।
डॉ.करुणेश प्रकाश भट्ट (पृष्ठ-137)

इस हाइकु कोश में कई पीढ़ियों के हाइकुकारों के हाइकु समाहित किए गये हैं। कोश में सभी हाइकु अकारादि क्रम से सूचीबद्ध किए गये हैं किसी हाइकुकार की वय या लेखन वरिष्ठता के आधार पर नहीं।

हाइकु कोश का मुद्रण त्रुटिहीन एवं साफ-सुथरा है। आवरण आकर्षक है। हाइकु कविताओं में रुचि रखने वालों के लिए, विद्यार्थियों के लिए और सृजनकर्ताओं के साथ-साथ शोधार्थियों के लिए यह एक आवश्यक महत्वपूर्ण कोश है।

# 17

# आचार्य श्रीराम शर्मा के जीवन-वृत्त को सहज, सरल रूप में प्रस्तुत करती महत्वपूर्ण पुस्तक : पढ़ाव दर पढ़ाव

उ.प्र.हिन्दी संस्थान के सुभद्रा कुमारी चौहान महिला बाल साहित्य पुरस्कार सहित कई साहित्यिक संस्थाओं द्वारा पुरस्कृत/ सम्मानित, साहित्यकार श्रीमती सुषमा श्रीवास्तव जी आकाशवाणी लखनऊ से सेवानिवृत्त हुई हैं। आपने हिन्दी साहित्य की कविता और कहानी, विधाओं में अपनी लेखनी चलाई है। आपकी एक दर्जन से अधिक कृतियों का प्रकाशन भी हो चुका है।

उनकी पुस्तक 'पड़ाव दर पड़ाव श्रीराम शर्मा आचार्य मुझे पढ़ने का सुअवसर मिला।

विदुषी लेखिका ने आचार्य श्रीराम शर्मा जी के जीवन-वृत्त को 21 अध्यायों के माध्यम से पाठक वर्ग के सामने प्रस्तुत किया है। महान आत्माएँ समय-समय पर मनुष्यों का कल्याण करने के लिए अवतरित हुआ करती हैं।

प्रथम अध्याय-'अवतरण' के अन्तर्गत श्रीराम शर्मा आचार्य जी के पृथ्वी लोक पर अवतरित होने की स्थितियों एवं उनके अवतरित होने के उद्देश्य के बारे में

"

स्पष्ट किया है-

"महाकाल ने इन्हें ही निमित्त बनाया था कि भारतीय संस्कृति का अवगाहन करें। कुव्यवस्थाओं, कुव्यवसनों में फंसे मनुष्यों को परिष्कृत सद्मानव बनायें। (पृष्ठ-2)

पुस्तक का दूसरा अध्याय आचार्य जी की युवावस्था के क्रिया-कलापों , उनकी दिनचर्या तथा अशरीरी उनके गुरु की आत्मा के द्वारा उनको खोज लेने के बारे में जानकारी दी है।

युवावस्था में ही उन्होंने जाति-पांति एवं भेद-भाव के विरुद्ध अपने घर से ही अभियान शुरू कर दिया था। एक दिन जब उनको ज्ञात हुआ कि उनके घर काम करने वाली बाई छपको बीमार है तो वह विहवल हो उठे-

" उन्होंने सुना कि छपको बीमार है। श्रीराम फौरन, छपको के घर चल दिए। किसी को पता नहीं।

वहाँ जाकर देखा तो वह बहुत बीमार थी। वह जमीन पर लेटी बुखार में तप रही थी। श्री राम ने माथे पर हाथ रखा तो उसने घबरा कर आँखें खोल दीं।

'अरे बाबू, यहाँ तुम कैसे आये, जाओ, जाओ, घर जाओ। तुम हमारे घर आये, हमें छूआ, कैसा अनर्थ कर दिया।'

पर श्री राम चुपचाप उपचार में लगे रहे वहीं, जो मिला उससे उपचार किया । पानी की पट्टी रखी और वहाँ की साफ-सफाई की फिर बाहर निकल कर वैद्य जी से दवा लाकर दी।" (पृष्ठ-11,12)

वे निरक्षरता के भी विरुद्ध थे। उनके आचार-विचार और व्यवहार को परखते हुए उनके प्रत्येक जन्म के गुरु की आत्मा ने उनसे एक दिन सम्पर्क साधा और उनके इस जन्म को लेने के उद्देश्य से श्री राम को अवगत कराया-

" बालक श्री राम, तुम्हारे इस जन्म में, मैं तुम्हारे साथ हूँ। जब तुम समर्थ रामदास थे, विवेकानन्द थे तो मैं ही तुम्हें समय की धारों के प्रति निर्देशित कर रहा था। तुम्हारी उंगली पकड़ कर तुम्हें चला रहा था और अब इस जन्म में भी तुम मेरे सामने हो।

सुनो वत्स, तुम्हारा जन्म किसी विशेष प्रयोजन के लिए हुआ है। कोई महान कार्य....।"(पृष्ठ-16)

और फिर श्री राम को अपने साक्षात्कार से उस अशरीरी आत्मा ने अभिभूत करते हुए एक-एक कर उनके कई जन्मों पर से परदा हटा दिया-

"गुरु की खोज में थे शिष्य कबीर, और यह तुम ही तो थे।........शनै शनै नरेन्द्र से स्वामी विवेकानन्द बनने वाले सन्यासी ने भी कहा- धर्म अनुभव सिद्ध होता

है। रूढ़िगत नहीं...यह आधुनिक बोध की पुकार बनी...यह भी तुम ही थे।.....एक झलक समर्थ रामदास की भी मिली जो शस्त्र और शास्त्र दोनों की उपासना करते थे।

पन्द्रह वर्ष के श्री राम ने गुरुसत्ता का वरण किया।'' ( पृष्ठ- 17,18,19)

श्री राम के हृदय में अपने राष्ट्र के प्रति कितना सम्मान था इस बात की पुष्टि के लिए विदुषी लेखिका ने बनारस जाते समय का जिक्र करते हुए लिखा है कि- वह इस बात से सिद्ध होता है कि अपने गन्तव्य को जाते समय बनारस की एक गली में स्वामी विशुद्धानन्द जी से भेंट होने पर उनकी किसी भी फूल की सुगन्ध लाने की सिद्धि के बारे में ज्ञात होने पर श्री राम के मन में आया कि-

''अगर मुझे भी ऐसी सिद्धि प्राप्त होती तो मैं कहता कि मेरे देश को स्वतंत्र करा दो।'' (पृष्ठ-22)

देश को स्वतंत्र कराने में श्री राम ने अहं भूमिका का निर्वहन किया था। उन के द्वारा एक बलिदानी की भाँति अपने गाँव आंवल खेड़ा के युवाओं को संगठित करने के बारे में लेखिका ने पुस्तक के तीसरे अध्याय-' राष्ट्र चिंतन'' के अन्तर्गत विस्तृत वर्णन किया है-

''देश को स्वतंत्र कराने के लिए सारा देश एकजुट हो, इस बार उन्होंने एक बलिदानी की तरह आंवल खेड़ा के युवाओं को संगठित किया।........श्री राम की क्रान्तिकारी गतिविधियाँ चलती रहती थीं। लेखन में भी वह सतत सक्रिय थे। श्री राम पत्रकारिता भी करते।''(पृष्ठ-23) ¬

स्वतंत्रता आन्दोलन में चेतना स्फूर्ति के लिए आगरा से सैनिक नाम का पत्र निकलता था। सैनिक मात्र एक पत्र नहीं, वहीं से आजादी का बिगुल बजता था। आन्दोलन को धार दी जाती थी। (पृष्ठ-30)

पुस्तक के चौथे अध्याय 'अध्यात्म चिंतन' में लेखिका ने श्री राम के कार्यक्षेत्र की स्थापना आगरा से मथुरा करने, शांतिकुंज हरिद्वार की स्थापना और इसी दौरान श्री राम को पत्नी सरस्वती के वियोग के बारे में बताते हुए फिर माँ के आग्रह पर दूसरा विवाह भगवती देवी के साथ करने के विषय में जानकारी दी है-

''सोच रहे थे....यह सब दुबारा ठीक होग गुरुसत्ता में असीम विश्वास, भावी द्रष्टा तो वही हैं। हमारे लिए यही सोचा होगा...इस विचार के साथ उनका मन शांत हो गया। .........विवाह सम्पन्न हुआ और माता भगवती श्री राम की सहधर्मिणी बनीं। (पृष्ठ-43, 44)

पुस्तक का पांचवा अध्याय श्री राम के क्रिया-कलापों के बारे में जानकारी देने वाला है जिसका नाम लेखिका ने -'स्थापना साधना' रखा है। श्री राम ने हरिजन

उद्धार की मुहिम छेड़ी, नारी जागरण की भी मुहिम छेड़ी जिसके लिए उनको कई संगठनों का विरोध भी सहना पड़ा-

"मथुरा नगरी का संत समाज, सनातन धर्मी, आर्य समाजी संगठनों को, श्री राम की गायत्री साधना, हर वर्ग की बराबरी, यज्ञ आदि विरोध के कारण थे। एक वर्ग तो हर बात का विरोध करता ही था। नारी जागरण, हरिजन उद्धार, यह मुद्दे तो उन्हें बिल्कुल भी स्वीकार नहीं थे।(पृष्ठ-45)

अन्ततः विजय श्री राम की ही हुई। श्री राम के भागवत मास पारायण को सुनकर श्री गुलाब राय ने उनके नाम के आगे पंडित जी जोड़कर उनको पंडित श्री राम शर्मा बना दिया।

" श्री राम का राजनैतिक रूप, तपस्यारत, सिद्धान्तवादी रूप, तो सबने देखा ही था पर, भागवत पाठ का आचार्यत्व उन्होंने जिस शास्त्र सम्मत, निष्ठा से किया, वह सर्वथा नवीन था।..........पंडित सच्चिदानन्द ने विद्वतसमाज के आदेश से श्री राम का आचार्य पद पर पट्टाभिषेक कर दिया था। और अब वे पं. श्री राम शर्मा आचार्य के नाम से जाने गए।" (पृष्ठ-47)

पुस्तक के अध्याय- आश्रम' में श्रीमती सुषमा श्रीवास्तव जी ने मथुरा अखण्ड ज्योति एवं शान्ति कुंज का वर्णन किया है-

" विदित ही है कि श्री राम आचार्य के चौबीस पुरश्चरणों की समाप्ति पर 1953 में दुर्वासा ऋषि की तपस्थली रही भूमि मथुरा-वृन्दावन मार्ग पर गायत्री तपोभूमि की स्थापना की, अखंड ज्योति ज्ज्वलित की, 108 कुडीय यज्ञ किया। 1958 में सहस्त्र कुडीय यज्ञ करके एवं विलक्षण आयोजन सम्पन्न हुआ था। 1971 में आश्रम बनाओ की अंतः गुहार उन्हें हरिद्वार ले आई और शांतिकुंज की स्थापना हुई। (पृष्ठ-50)

पुस्तक का अध्याय सात 'आर्षवाग्मय' के नाम से आचार्य जी द्वारा 1960 में चारों वेदों, 108 उपनिषदों, 18 पुराणों और 20 स्मृतियों के सरल भाष्य प्रकाशित करने के बारे में जानकारी देता है तो अध्याय -'यात्रापथ दक्षिण भारत' आचार्य जी की दक्षिण भारत की यात्रा, कामांक्षी मंदिर का अवलोकन, श्रीमन से मुलाकात, श्रीमन के क्षरा संहिता के कुछ प्रपत्र आचार्य जी को देने आदि की जानकारी प्रदान की गई है। इसी अध्याय में चारों वेदों के बारे में संक्षिप्त जानकारी भी दी गई है। अध्याय-' रमण आश्रम' आचार्य जी द्वारा अरुणाचल में ऋषि रमन के आश्रम में जाकर उनसे भेंट, सावरमती आश्रम, शांति निकेतन कलकत्ता, केरल, रामेश्वरम् आदि जगहों पर की गई यात्राओं का विवरण प्रस्तुत करता है। पुस्तक के अन्य अध्याय -'हिमालय' 'शांतिकुंज' 'अध्यात्म और विज्ञान' 'तिरुपति' 'गोवर्धन'

'कैलाश मंदिर' 'अरविन्दो आश्रम' 'साबरमती आश्रम' आदि हैं जिनमें आचार्य जी के भ्रमण और उनके प्रभाव आदि के बारे में सुरुचि पूर्ण तरीके से बतलाया गया है।

92 पृष्ठीय पुस्तक में श्री राम शर्मा आचार्य जी के बारे में एक आम आदमी के जानने योग्य सभी महत्वपूर्ण बातों को सहेजने का प्रयास विदुषी लेखिका श्रीमती सुषमा श्रीवास्तव ने किया है।

# 18

# देश-विदेश की यात्राओं के जीवन्त चित्र प्रस्तुत करती पुस्तक : यादों के झरोखे से....देश-विदेश

राष्ट्रीय एवं अन्तर्राष्ट्रीय अनेक साहित्यिक संस्थाओं द्वारा पुरस्कृत/ सम्मानित, राष्ट्रवादी विचारधारा की पोषक, प्रखर चिंतक, विदुषी, साहित्यकार श्रीमती स्नेहलता जी ने 16 देशों की साहित्यिक एवं सांस्कृतिक यात्राएं की हैं। हिन्दी साहित्य की कविता, कहानी, उपन्यास, निबन्ध, आलोचना तथा बाल साहित्य आदि विविध विधाओं में आपकी दो दर्जन से अधिक कृतियों का प्रकाशन भी हो चुका है।

पुस्तक 'यादों के झरोखे से....देश-विदेश' में अलग-अलग शीर्षकों से 12 यात्रा संस्मरण समाहित किये गये हैं। जिनमें 8 यात्रा संस्मरण अपने देश भारत के विभिन्न स्थलों की यात्रा के दौरान तथा 4 यात्रा संस्मरण विदेश भ्रमण के अपने अनुभवों पर लिखे गये हैं।

पुस्तक के पहले यात्रा संस्मरण का शीर्षक है -''अमरनाथ यात्रा'' इस संस्मरण में विदुषी लेखिका ने लिखा है कि अमरनाथ यात्रा एक ऐसी यात्रा है जिसमें अध्यात्म के साथ प्रकृति के नैसर्गिक स्वरूप के दर्शन होते हैं। प्रकृति के इस नैसर्गिक रूप की प्रसंशा करते हुए मुगल बादशाह जहाँगीर ने कभी कहा था कि पृथ्वी पर अगर कहीं स्वर्ग है तो वह यहीं हैं। लेखिका का कहना है कि 500 वर्ष बाद

भी यहाँ के सौन्दर्य में कोई कमी नहीं आई है। वह लिखती हैं-

बर्फ से ढकीं चोटियाँ दुग्ध फैनिल झर-झर करते हुए झरने, पर्वत श्रृंखलाएँ विश्राम करती झीलें, ऊँचे-ऊँचे चिनार के वृक्ष, केसर की क्यारियाँ फूलों से लदे शिकारे, झील पर तैरते हाउसबोट, अनार, दादिम, सेव, किशमिश, अखरोट और बादाम से लदे वृक्ष, देवतुल्य सौन्दर्य से सज्जित लोग, स्वर्ग सा ही सुख प्रदान करते हैं। (पृष्ठ -20)

लेखिका ने अमरनाथ,चन्दनबाड़ी,पिस्सुघाटी, शेषनाग, महागुणस पर्वत,, पंचतरणी तथा अमरनाथ गुफा आदि की भोगोलिक स्थिति एवं आध्यात्मिक स्वरूप, तथा यातायात के साधन सभी का विस्तृत वर्णन किया है जो पाठक के सामने सादृश्य चित्र उपस्थित करता है।

पुस्तक में दूसरा संस्मरण 'दक्षिण भारत यात्रा' नाम से है जिसमें स्नेहलता जी ने यात्रा के प्रारम्भ से वापसी तक की प्रक्रियाओं, आने-जाने की कठिनाइयों, वहाँ पर बिकने वाली चीजो, सहित तिरुपति बालाजी मंदिर, चैन्नै के दर्शनीय स्थलों जैसे विश्व का सबसे लम्बा समुद्र बीच मरीना बीच, बंगलौर, मैसूर में मैसूर पैलेस, ऊटी, वृन्दाबन गार्डेन, मदुरै का मीनाक्षी मंदिर, रामेश्वरम्, कन्याकुमारी, विवेकानन्द रॉक मैमोरियल, त्रिवेन्द्रम में सभी के उद्भव और विकास की एतिहासिक व भौगोलिक जानकारी इस तरह सिलसिलेवार प्रस्तुत की है कि पुस्तक को पढ़ते-पढ़ते पाठक को लगने लगता है कि वह स्वयं यात्रा कर रहा हैं।

मैसूर का नाम सुनते ही चन्दन की खुशबू मन में समा जाती है। मैसूर पैलेस को अम्बा विलास पैलेस भी कहते हैं। मैसूर पैलेस मैसूर के वाडियर राजाओं के रहने का महल है जिन्होंने 1399 से 1950 जक राज्य किया।चारों ओर से गुलाबी और रैड स्टोन से सजा पैलेस द्रविड़, पूर्वी और रोमन स्थापत्य कला का संगम है। कहते हैं कि पहले यह महल चंदन की लकड़ी का बना था परन्तु इसमें आग लगने के कारण यह नष्ट हो गया। उसके बाद 1897 से 1912 में यह बनकर तैयार हुआ। एक ऊंचे से चबूतरे पर चढकर जैसे ही हमने महल के अन्दर कदम रखा हमारी आँखें चकाचौंध हो गईं। महल में सोने के खम्बों के ऊपर की गई चित्रकारी, छत पर टंगे झाड़फानूस, संगमरमर पर विविध रंगों से अलंकृत किया गया फर्स हमें किसी परीलोक ले गया। (पृष्ठ -38)

इसी तरह वृन्दाबन गार्डेन, घूमते हुए लेखिका के विचार-

'' दूर-दूर तक सुन्दर हरी कार्पेट से बिछे घास घास के मैदान के किनारे-किनारे रंग-बिरंगे फूलों से सजी क्यारियाँ मोरपंखी, अशोक, एरोकेरिया,बोगेनवेलिया के सुन्दर तराशे हुए वृक्ष। मंत्रमुग्ध करने वाला वातावरण। वृन्दाबन गार्डेन को

देखकर ऐसा लग रहा था मानो हम सचमुच स्वर्ग के बगीचे में हैं।( पृष्ठ -41)

पुस्तक के तीसरे संस्मरण में लेखिका ने पुरी यात्रा का विशद और यथार्थपरक वर्णन किया है। पुरी के जगन्नाथ मंदिर के बारे में जानकारी देते हुए वह कहती हैं-

"जगन्नाथ मंदिर उड़ीसा प्रान्त के पुरी षहर में पश्चिम समुद्र तट से लगभग एक किलोमीटर पहले उत्तर में 11वीं शताब्दी में राजा अनन्तवर्मन चोडगंगदेव द्वारा बनवाया गया भव्य प्राचीन मंदिर है, जिसमें भगवान कृष्ण, उनकी बहन सुभद्रा और भगवान बलभद्र की पूजा होती है। (पृष्ठ -61)

चौथा संस्मरण असम, दार्जिलिंग और सिक्किम यात्रा का है जिसमें कामाख्या मंदिर, बाबा हरभजन सिंह मंदिर, गोहाटी, शिलांग,दार्जिलिंग एवं सिक्किम आदि का सविस्तार वर्णन किया गया है।

पाँचवे संस्मरण में अध्यात्म यात्रा डेरा बाबा यानि व्यास के बारे में विस्तार से बताया गया है।

छठवे संस्मरण में 'कैलास मान सरोवर यात्रा' शीर्षक

से विदुषी लेखिका स्नेहलता जी ने बहुत ही उत्तम तरीके से मानसरोवर यात्रा प्रारम्भ करने से पूर्व की प्रक्रियाओं जैसे पास पोर्ट का प्रबन्ध, स्वास्थ्य सम्बन्धी चिकित्सकीय जाँचों का ब्यौरा, इन्डैमिनिटी बाण्ड, चीन को दिया जाने वाला शुल्क आदि-आदि का विवरण सभी कुछ विस्तार से बताया है जिसने भी उनकी यह पुस्तक पढ़ ली, मानिए उसकी मानसरोवर यात्रा की जटिलताएँ समाप्त हो गईं।

इसके बाद लेखिका ने मानसरोवर यात्रा का प्रतिदिन के कार्यक्रमों का ब्यौरेबार उल्लेख किया है। लेख के अन्त में लेखिका ने वर्तमान प्रधानमंत्री श्री नरेन्द्र मोदी जी को इस बात के लिए धन्यवाद दिया है कि उनके प्रयास से सिक्किम के एक अन्य मार्ग के खुल जाने से यात्रा सुगम हो गई है वहीं उन्होंने उत्तर प्रदेश के मुख्य मंत्री माननीय योगी आदित्य नाथ जी को इस बात के लिए धन्यवाद दिया है कि उन्होंने वर्ष 2017 से उत्तर प्रदेश से कैलाश मानसरोवर जाने वाले तीर्थ यात्रियों को एक लाख रुपये अनुदान राशि स्वीकृत करने का निर्णय लिया है।

पुस्तक के सातवें संस्मरण में स्नेहलता जी ने पाताल भुवनेश्वर यात्रा शीर्षक से अपना संस्मरण लिखा है। पाताल भुवनेश्वर की जानकारी देते हुए बहुत ही रोचक कथा के माध्यम से स्नेहलता जी ने संस्मरण को मोहक बना दिया है।

"गुफा के बाहर चीड़ और देवदार के जंगल से ढके पहाड़ थे। वहीं गुफा के अन्दर पहाड़ों का कहीं नामो निशान तक नहीं था। जो जगह बाहर से दिखाई तक नहीं देती थी वह अन्दर बहुत खुली और साफ सुथरी थी। प्रकृति के इस अनुपम रहस्य से हमारा मन अभिभूत था। हमें स्वीकार करना पड़ा कि विज्ञान से आगे अध्यात्म

है। (पृष्ठ - 143)

अगला संस्मरण योरोप यात्रा का है। लन्दन के स्वामी नारायण मंदिर के बारे में स्नेहलता जी जानकारी देते हुए लिखती हैं-

''सफेद संगमरमर का खूबसूरत नक्काशीदार स्वामी नारायण मंदिर अक्षर धाम के जैसा ही सुन्दर बना है। इसमें 2828 टन बेल्जियम पत्थर लगे हैं। 2000 टन इटैलियन मार्वल लगा है। इसे पहले भारत में लाकर 1526 कारीगरों द्वारा तराशा गया था। (पृष्ठ -149)

पूरे योरोप यात्रा का बहुत ही तथ्यपरक एवं रोचक वर्णन लेखिका ने किया है।

पुस्तक के अन्य संस्मरण-मणि महेश यात्रा, लुम्बिनी यात्रा, भूटान यात्रा, नार्वे यात्रा शीर्षकों से बहुत ही सामजस्य तरीके से पूरी जानकारी उपलब्ध कराते हुए लिखे हैं। इस पुस्तक को पढ़ने के बाद उन लोगों को जो विदेश के गुणगान करते नहीं थकते यह अहसास अवश्य होगा कि अपने देश की धरोहर इतनी विशाल है कि विदेश भागने से पहले उन्होंने अपने देश का हजारवां भाग भी नहीं देखा और समझा है। लेखिका ने पहले अपने देश की धरोहर को बहुत बारीकी से देखा और समझा है फिर विदेश की भूमि का भी अपने देश से तुलनात्मक रूप में समझने का प्रयास किया है।

पुस्तक के बारे में विशेष बात यह है कि जिसने भी पुस्तक एक बार पढ़ना प्रारम्भ कर दी तो पूरी पढ़े बिना मन को शान्ति नहीं मिलेगी।

सभी आलेखों की भाषा-शैली सरल और सहज ग्राह्य है।

# 19

# अध्यात्म चिंतन की ओर सहज ही उन्मुख करती जीवन को अमृत तुल्य बना देने वाले आलेखों की पुस्तक-उजास की तलास में

राष्ट्रीय एवं अन्तर्राष्ट्रीय अनेक साहित्यिक संस्थाओं द्वारा पुरस्कृत/ सम्मानित, राष्ट्रवादी विचारधारा के पोषक, प्रखर चिंतक, मनीषी, 18 वर्ष से राष्ट्रकिंकर के संपादन से जुड़े वरिष्ठ पत्रकार, साहित्यकार श्री विनोद बब्बर जी अनेक भाषा एवं बोलियों के जानकार, हिन्दी तथा भारतीय भाषाओं के प्रबल पक्षधर तथा पूर्वोत्तर भारत में लिपि रहित बोलियों को देवनागरी लिपि से जोड़ने के अभियान में गत दो दशक से अधिक सक्रिय भूमिका निभाते आ रहे बब्बर जी ने अब तक 18 देशों की साहित्यिक एवं सांस्कृतिक यात्राएं की हैं, इनकी प्रकाशित 38 पुस्तकों में से 8 पुस्तकों का विभिन्न भारतीय भाषाओं में अनुवाद हो चुका है साथ ही देश के 5 विश्वविद्यालयों में इनके साहित्य पर शोध कार्य हो चुके हैं। इनकी पुस्तक-'उजास की तलास में' पढ़ने का सौभाग्य मिला।

पुस्तक में अलग-अलग शीर्षकों से 70 गद्य आलेख समाहित किये गये हैं।

पुस्तक के पहले आलेख का शीर्षक है -"शब्द तू मरहम बन" जो अपने आप में मनुष्य जीवन का पूर्ण सार समाहित किए हुए है। 'या काया में अमृत कूप भरे' वाणी से निकला एक-एक शब्द निर्धारित करता है कि इससे अमृत की वर्षा होगी या विष की। इसलिए राष्ट्रवादी चिंतक, साहित्यकार डॉ. विनोद बब्बर जी ने शब्द को मरहम बनने की कामना की है। वह लिखते हैं-

*इतिहास अपनी विकास यात्रा के दौरान हर शब्द और उसकी महत्ता को भी तय करता है। (पृष्ठ- 7)*

*हर शब्द में ऊर्जा है, प्रेरणा है। यह ऊर्जा और प्रेरणा सकारात्मक हो कर भला कर सकती है और नकारात्मक होकर विनाशक भी सिद्ध हो सकती है। (पृष्ठ- 8)*

मधुर स्मृतियों में लौटना संग्रह का दूसरा आलेख है जो सकारात्मक दृष्टिकोण की पक्षधरता पुरजोर तरीके से कर रहा है-

*"अपने आप को पहचानिए कि आप क्या हैं? दुनिया बनाने वाले ने आपको श्रेष्ठ जीवन दिया है। अपनी शक्तियाँ दी हैं।आपके अन्दर उस असीम की झलक मिलती है लेकिन आप अपनी खींची हुई लकीरों से बनी आभासी सीमासओं में कैद हैं।पर उस परम आनन्द का सागर आपके अन्दर है, उसे हिलोरें लेने दो। (पृष्ठ-10)*

आलेख-'क्या यह सच नहीं' में चरित्र की तो 'आत्मानुशासन का अभिप्राय' में आत्मानुशासन की और 'इंसानियत भी तो सिखाओ' में इंसानियत की पक्षधरता की गई है।

कहने के लिए एक मुँह और सुनने के लिए दो कान ईश्वर ने बनाये हैं यानि बोलिए कम और सुनिए , गुनिए अधिक। इसी बात का समर्थन कर रहा है आलेख- 'कंठीमाला' तो 'रिश्तों की डोर' आलेख में रिश्तों की मनोरमता बनाये रखने की कला को मार्मिक ढंग से समझाया गया है।

आत्मदृष्टि के बिना पूजा-पाठ, और परउपदेश सब व्यर्थ हैं। आत्मदृष्टि यानि आत्मावलोकन। विद्वान साहित्यकार डॉ. विनोद बब्बर जी पुस्तक के आलेख- "आत्मदृष्टि" और "इस पार, उस पार" दोनों आलेखों में आत्मावलोकन पर विचार करने की सलाह देते हैं -

*"जैसे सूर्य-चन्द्र को राहु-केतु पीड़ित करते हैं, ऐसे ही संसारियों को मिथ्या सुख-दुख पीड़ित करते रहते हैं। जीव को अज्ञानरूपी भूत लगा है। इसी से उन्मुक्त होने के कारण उसे स्वप्नतुल्य जगत सत्य प्रतीत होता है। (पृष्ठ-20)*

*आत्मदृष्टि ही श्रेष्ठ है जिसे पाने से सारे दुख नष्ट हो जाते हैं। जिसकी दृष्टि आत्मदृष्टि हो गई, जो आत्म विचार से सम्पन्न हो गया, उसके सामने कोई भी*

*दुख नहीं टिकता। (पृष्ठ-21)*

दूसरों के धन पर मौज करने वाले तथाकथित उपदेशकों और बाबाओं की असलियत उजागर करता आलेख है-'भक्ति और दान' ।

केवल अपने लिए जीने वालों को संसर भुला देता है जबकि राष्ट्र और समाज के हित में प्राण त्यागने वालों की मृत्यु को उत्सव सरीखी बताया गया है संग्रह के आलेख-"मृत्यु तो उत्सव है।'' में-

*"आत्मकेन्द्रित होकर केवल अपने सुख, आनन्द, संतुष्टि तक सीमित रहे तो हमारा जीवन व्यर्थ कहलायेगा।.... लेकिन जो समाज हिताय जीते और मरते वे र कर भी नहीं मरते। ऐसे महापुरुषों का महाप्रयाण महोत्सव है। (पृष्ठ-29)*

पुस्तक-उजास की तलास में' विद्वान, राष्ट्रवादी साहित्यकार, पत्रकार डॉ. विनोद बब्बर जी ने जीवन को अमृत तुल्य बना देने वाले 70 आलेखों को समाहित किया है जिन्हें अपनाने पर गृहस्थ जीवन जीते हुए भी मनुष्य देवतुल्य व्यक्तित्व का मालिक बन सकता है। संग्रह के अन्य आलेखों के शीर्षक हैं-जीवन यज्ञ भी , युद्ध भी, गुरु और सत्संग, संयम का महत्व, निज स्वरूप का बोध, ज्ञान और मुक्ति, रामनाम मनि दीप धरु, मानवता ही सच्चा धर्म, नैतिकता खेल नहीं, श्मशान और शिव, संन्यास: वस्त्र नहीं, वृत्ति, साधन, साधना और मोक्ष आदि।

सभी आलेखों की भाषा-शैली सरल और सहज ग्राह्य है।